蛟桥经济文库

2019

产业结构变化、去工业化与中国产业发展路径

李国民◎著

Industrial Structure Change,
DE-INDUSTRIALIZATION AND
CHINA'S INDUSTRIAL DEVELOPMENT PATH

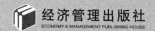经济管理出版社
ECONOMY & MANAGEMENT PUBLISHING HOUSE

图书在版编目（CIP）数据

产业结构变化、去工业化与中国产业发展路径/李国民著 . —北京：经济管理出版社，2019.12

ISBN 978-7-5096-6854-2

Ⅰ.①产… Ⅱ.①李… Ⅲ.①工业化—产业发展—研究—中国 Ⅳ.①F424.

中国版本图书馆 CIP 数据核字（2019）第 298987 号

组稿编辑：王光艳

责任编辑：魏晨红

责任印制：黄章平

责任校对：董杉珊

出版发行：经济管理出版社

（北京市海淀区北蜂窝 8 号中雅大厦 A 座 11 层　100038）

网　　　址：www. E-mp. com. cn

电　　　话：（010）51915602

印　　　刷：北京晨旭印刷厂

经　　　销：新华书店

开　　　本：710mm×1000mm /16

印　　　张：10.75

字　　　数：177 千字

版　　　次：2020 年 11 月第 1 版　　2020 年 11 月第 1 次印刷

书　　　号：ISBN 978-7-5096-6854-2

定　　　价：68.00 元

前　言

近 40 年来，我国经济持续快速增长，产业结构发生了重大变化。去工业化作为一种典型产业结构变化，在世界范围内广泛存在，它对经济发展的影响是多方面的和深远的。对如何认识去工业化产生的原因、机理和经济影响，以及如何在这种背景下选择合适的发展路径等具有重要的意义。

本书采用理论模型与实证分析相结合的方法，重点探讨了四个方面的问题：一是去工业化对产业发展和产业升级影响的理论分析；二是去工业化对就业、生产率变化、增长率影响的实证分析；三是中国结构变化的总量特征和地区特征的实证分析；四是基于去工业化视角下我国产业路径的一些可行选择。本书的主要结论如下：

（1）去工业化是一个与工业化相伴随的概念，是指一个国家或地区工业化发展到一定阶段后出现的制造业绝对和相对规模不断下降的现象。去工业化通常具有后工业化时代的特征，即经济活动的中心将是服务的提供而不是物质产品的生产。出于自身利益的考虑，发达国家的学者和政策制定者看待去工业化视角单一，往往将去工业化简单定义为发达国家制造业的就业比例或产出比例的持续下降。其实，去工业化是个多维的观念，可以从多方面去理解。从全世界范围来看，不仅发达国家而且发展中国家也可能发生去工业化现象；去工业化不仅包括就业数量、质量方面的变化，而且还包括与工业化本身相关的社会结构等多方面的变化。总之，去工业化和工业化都是经济发展中不断前进的两个方面，本质上都是在物质世界基础上的要素再配置过程。

（2）去工业化强调制造业就业占比的下降具有重要的经济含义。决定一个国家能否进入高收入国家的行列，一个重要的条件是该国制造业就业在所有行业中的占比是否能保持一个合理的水平，如 18% 的阈值。就业占比的下降可能是由于制造业的劳动生产率提高驱使劳动力从制造业部门向服务业转移，也可能是由于制造业本身产出。一是制造业就业比例通常用来衡量工业化水平的经济发展程度。二是就业是度量制造业规模的最直观的指标。三是从分析产业调整的成本的视角来看，去工业化的结构变化定义在要素市场的变化比定义在产品市场更有意义。同时，定义为就业比例的绝对改变比相对改变更能体现总体调节成本。四是这种定义能使人们更加关注总体水平上的就业结构变化。

（3）去工业化有多种类型，有被动和主动之分、有积极和消极之分、有正常和过早之分、有总量和结构之分、有全国和区域之分。一个国家或地区可以利用去工业化来促进自己的产业结构升级。去工业化为产业升级和转型带来必要性和动力。过度的工业化会造成僵化的经济结构，制约产业转型和升级。去工业化的影响不完全与负面和消极因素联系在一起，也有可能产生许多经济和社会的正面溢出效应，如结构性去工业化就能提高产业层次。去工业化也并不一定是负面的产业空洞化，而可能是正面的资源重新分配，由制造业转向以服务业为主体的经济体系，同时促进经济持续增长。此外，区域性去工业化通过区域内产业转移一定程度促进区域平衡发展。

近年来，发展中国家过早的去工业化受到了广泛关注，因为出现过早的去工业化的发展中国家的制造业份额峰值时，对应的收入水平低于发达国家制造业开始减少时的收入水平，也就是说，这些国家在没有经历充分的工业化的情况下就开始向服务经济转型。

（4）去工业化的经济影响是多方面的，适度的去工业化能够促进产业结构升级，过早的去工业化会阻碍产业结构调整，破坏经济增长的引擎。拉丁美洲和南非等一些后发展中国家经历过早的去工业化导致这些国家的人均收入水平增长缓慢甚至停滞不前，陷入增长陷阱。这不是由产业结构的自然变化或"荷兰病"导致的，而是人为的激烈经济改革政策造成的。从世界产业发展的历史经验来看，防止制造业增加值和就业在经济中的比例下降，是一国保持经济持续发展关键所在。在未来一段时间内，我国重点在于攻关半导体产业的核心技术，把握市场需求的新趋势，抓住数字经济的发展机遇，保持制造业的持续发展。

（5）中国经济应该利用去工业化实现产业结构升级。产业发展路径坚持结构性去工业化，从平推式工业化转向立体式工业化道路，引导产业向智能化、精致化、高端化发展，从单纯追求规模扩张转向通过技术创新实现产业深化，才能走向产业结构相对平衡的发展路径。利用区域性去工业化促进区域间的产业转移，发展各地区的优势产业。区域产业转移要坚持市场化为主，政府引导为辅的原则。在产业转移过程中，应该遵循市场规律，尊重各类企业在产业转移中的主体地位，处理好政府和市场的关系，突出市场在资源配置中的决定性作用。

在政策层面，政府要注重规划和政策引导。政府经济政策的性质要逐渐从倾向于给优惠待遇，转向营造公平竞争的秩序和政策环境，尤其是必须规范地区之间的竞争秩序，减少以至禁止导致不公平竞争的政府补贴行为。进行产业结构调整，一定要警戒政府"好事做过头"现象。中央政府要积极引导东部部分产业向中西部有序转移，促进区域梯度、联动、协调发展；地方政府做好服务，营造承接产业转移的良好环境，完善公共服务，严格产业准入，拓展就业和发展新空间，推动经济向中高端水平跃升。政府要增强欠发达区域高质量发展动能，加快区域一体化建设，解决区域发展不平衡问题，减少发展落差。在当前全球市场萎缩的外部环境下，我国的产业发展要发挥国内超大规模市场优势，加快形成以国内大循环为主体、国内国际双循环相互促进的新发展格局，要更好地推动区域一体化发展，发挥人才富集、科技水平高、制造业发达、产业链供应链相对完备和市场潜力大等诸多优势，积极探索形成新区域产业发展格局的路径。

目 录

1 引 言 ……………………………………………………… 1

  1.1 背景与问题 …………………………………………… 1

  1.2 研究思路与方法 ……………………………………… 5

    1.2.1 研究思路 ………………………………………… 5

    1.2.2 研究方法与重难点 ……………………………… 6

    1.2.3 研究内容与意义 ………………………………… 7

2 结构变化和产业发展路径的理论概述 ………………… 10

  2.1 经济结构变化……………………………………… 10

    2.1.1 结构变化效应的理论分析方面………………… 11

    2.1.2 结构变化效应的实证分析……………………… 21

  2.2 产业发展路径选择问题…………………………… 24

    2.2.1 产业结构升级…………………………………… 25

    2.2.2 升级路径理论…………………………………… 27

  2.3 产业结构调整、转型与升级概念的异同………… 31

  2.4 简要评述…………………………………………… 35

3 工业化进程中的结构变化 ……………………………… 37

  3.1 工业化和产业发展………………………………… 37

    3.1.1 工业和工业化…………………………………… 38

    3.1.2 工业化的经济影响……………………………… 40

  3.2 经济结构变化的特征事实………………………… 42

    3.2.1 卡尔多特征事实………………………………… 43

    3.2.2 库兹涅茨特征事实……………………………… 44

  3.3 结构变化对生产率的影响………………………… 45

　　　3.3.1　测度方法 ·· 45

　　　3.3.2　数据与实证结果 ······································ 47

4　结构变化中的去工业化问题 ································· 57

　　4.1　去工业化的内涵、特征及其影响 ··················· 57

　　　4.1.1　去工业化的内涵与分类 ························· 57

　　　4.1.2　去工业化的原因 ··································· 64

　　4.2　去工业化测度的理论 ·································· 67

　　　4.2.1　核心层指标 ·· 68

　　　4.2.2　中间层指标 ·· 69

　　　4.2.3　外围层指标 ·· 69

　　4.3　去工业化的一个理论模型解释 ··················· 70

　　　4.3.1　模型设置 ·· 70

　　　4.3.2　去工业化现象 ····································· 71

　　　4.3.3　去工业化对经济增长的负面影响 ··········· 73

　　　4.3.4　数值模拟分析 ····································· 73

　　4.4　去工业化对经济增长的非线性影响 ·············· 79

　　　4.4.1　具有人力资本的模型 ·························· 79

　　　4.4.2　数值模拟分析 ····································· 84

5　制造业占比下降引起的去工业化及其影响 ··········· 89

　　5.1　制造业占比变化的经济影响概况 ················· 89

　　　5.1.1　数据说明 ·· 89

　　　5.1.2　制造业增加值与就业占比变化 ·············· 93

　　　5.1.3　制造业占比变化与经济增长关系 ··········· 95

　　　5.1.4　制造业就业占比的阈值 ······················ 98

　　5.2　制造业就业占比变化的影响因素 ··············· 100

　　　5.2.1　制造业就业占比变化的三种效应分解 ···· 101

　　　5.2.2　结果与解释 ······································· 103

6　过早的去工业化及其经济影响 ························· 107

6.1 过早的去工业化 ………………………………………… 107

  6.1.1 概念、特征和影响 ………………………………… 107

  6.1.2 检验 "过早的去工业化" 的相关分析 …………… 109

  6.1.3 检验 "过早的去工业化" 的计量分析 …………… 111

6.2 卡尔多增长法则及其实证 …………………………… 115

  6.2.1 卡尔多增长法则 ………………………………… 116

  6.2.2 实证分析 ………………………………………… 116

7 中国产业结构变化的特征与影响 ……………………… 119

7.1 中国产业结构变化特征 ……………………………… 119

  7.1.1 全国产业结构变化特征 ………………………… 119

  7.1.2 地区产业结构变化特征 ………………………… 123

7.2 中国工业化占比变化 ………………………………… 125

  7.2.1 总量与结构性工业化占比方面 ………………… 125

  7.2.2 区域性工业化占比方面 ………………………… 128

7.3 中国地区经济增长中结构变化效应 ………………… 132

7.4 我国经济面临去工业化的挑战 ……………………… 134

8 去工业化背景下的中国产业发展路径探析 …………… 136

8.1 影响我国产业结构升级的主要因素 ………………… 136

8.2 基于去工业化视角的产业发展的一些可行路径 …… 139

  8.2.1 积极利用结构性去工业化化解产能过剩 ……… 140

  8.2.2 促进区域产业转移,缩小区域不平衡发展 …… 141

  8.2.3 通过创新和智能化促进智能工业化发展 ……… 142

  8.2.4 坚持生产多样化,甄别比较优势产业 ………… 144

  8.2.5 通过能源消费革命促进制造业生产转型升级 … 145

  8.2.6 攻关核心技术保持制造业的持续发展 ………… 146

参考文献 ………………………………………………………… 148

附录 中国的三次产业分类 ………………………………… 155

后 记 …………………………………………………………… 160

1

引　言

1.1　背景与问题

1760~1840 年，欧洲和美国工业革命的生产转向新的产品制造过程，包括从手工生产方法转向机器生产，新的化学制造和铁生产工艺、蒸汽动力和水力的日益使用，机床的发展和机械化工厂系统的兴起，这个过程通常被称为（第一次）工业革命。工业革命开启了世界一部分国家的工业化进程，经济增长突飞猛进，人们生活水平发生了翻天覆地的变化。例如罗伯特·卢卡斯认为，工业革命的影响史无前例，普通百姓的生活水平已经开始持续增长。

可以说，工业革命是历史上第一个人口和人均收入同时增长的时期。欧洲人口从 1700 年的约 1 亿增加到 1900 年的 4 亿左右。人均收入走出了长期停滞不前的"马尔萨斯增长陷阱"。以英国为例，根据麦迪逊的历史数据，从公元元年开始的第一个 1000 年内，英国反映人们生活水平的实际人均收入指标几乎没有变化；1500~1800 年，每一个 100 年实际人均 GDP 分别增长了 36%、28%、36%，尤其是，1820~1900 年的 80 年内增长 163%，1900~2000 年则增长 353%。

大部分发达国家和新兴工业化国家的发展轨迹基本和英国相似，工业化对经济发展影响巨大：一方面工业程度不断提高，经济快速增长；另一方面经济结构（Economic Structure）伴随经济发展发生巨大变化，三次产业的比例关系也发生改变，农业占整个经济的比例持续下降，工业所占比例随着工业化程度的深化不断增加，随后开始下降，而服务业所占比例则逐渐上升。在工业革命期间，儿童的预期生存率急剧上升。在伦敦出生的五岁以下儿童死亡的百分比从 1730~1749 年的 74.5% 下降至 1810~1829 年的 31.8%。

然而，工业革命带来的工业化并不意味着工人的生活条件必然得到改善。工业革命对生活条件的影响一直是很有争议的，经济学家和社会历史学家在 20 世纪 50~80 年代进行了激烈的辩论。其实，虽然工业革命期间经济的整体生产力增长是空前的，但大多数人口的生活水平直到 19 世纪末和 20 世纪初才出现实质性增长，而且从许多方面讲工人的生活水平在早期资本主义时期下降了。例如，研究表明，英国的实际工资在 18 世纪 80 年代至 19 世纪 50 年代仅增长了 15%，而英国的预期寿命直到 19 世纪 70 年代才开始急剧增长。

纵观世界经济发展历史，各国经济发展和工业化密不可分。随着全球化加深，世界各国的经济发展正面临国内外新的变化。由于贸易成本下降，生产要素根据竞争优势在全球范围内重新配置。人们观测到，二战后大部分发达国家经济发展的一个显著事实是，制造业在发达国家的比例逐渐下降，制造业的就业人数在各个经济中就业人数的比例不断下降。一般发展经济学家认为，制造业是经济增长的引擎，因为它是推动生产可能性边界外移的关键力量（Kaldor, 1966; Palma, 2008）。从这种意义上来说，这种结构变化可能对经济增长、投资和就业产生显著的长期负效应，形成所谓的"去制造业危机"。随着全球化的扩大，这种趋势不断加深，许多国家制造业大幅下降，城市中工作岗位流失，其中，一个最有名的例子就是美国的底特律市，由于汽车公司外迁，造成了工人失业、贫困集中和严重的种族隔离等多种经济社会问题。

其实，对于经济结构变化（Structural Change）与经济增长和发展关系的研究并不是一个新的主题，经济学家很早就开始研究这个问题。古典经济学家虽然没有正式使用"经济结构"这个术语，但在一些经典著作中，人们不难发现，财富的创造过程是和几个主要变量的关系变化紧密联系的。如斯密在 1776 年的《国富论》中指出，经济不同的发展阶段是和经济的产品构成存在关系，每个阶段都有一个特殊的产品构成特征，经济发展一个更高的阶段必须伴随着这种构成的变化（Silva 和 Aurora, 2008）。边际革命后，新古典经济学家放弃古典经济学家研究长期的传统，转而分析短期的最优资源配置，在他们的经济模型中基本不涉及经济结构问题。20 世纪

50~60 年代，发展经济学家将"经济结构"对增长关系的研究发展到一个前所未有的高度。例如，罗斯托（1960）的经济起飞理论，刘易斯（1954）的二元经济理论，罗森斯坦-罗丹（1961）的大推动理论，赫希曼（1958）的不平衡增长理论，以及鲍莫尔（1967）的成本弊病理论等。以钱纳里为代表的学者对经济结构进行了深入的实证分析（Chenery 和 Watanabe，1958；Chenery，1960；Chenery 和 Taylor，1968）。然而，在 20 世纪七八十年代，经济学家研究增长的重心从经济结构转向了技术进步，当时占主流的新古典增长模型和新增长理论基本上不考虑经济结构的影响。但是，20世纪 90 年代以后，多数发达经济体增长乏力，失业率居高不下，使经济学家重新开始思考经济结构和增长的关系，"经济结构分析"的研究方法再次升温，如林毅夫提出了"新结构经济学"试图重构发展经济学；研究主题涉及经济结构的论文也越来越多，以致 1990 年创立了《结构变化和经济动态》（*Structure Change and Economic Dynamics*），专门刊登经济结构方面研究论文，这也是经济结构分析再次受到经济学家重视的一种体现。

尤其是，2008 年始于美国的金融危机，给全球许多经济带来经济灾难，全球经济进入从 20 世纪 30 年代"大萧条"以来最严重的一次危机。这次对全球经济影响深远的危机引起了经济学家对经济结构变化对经济增长影响的关注。造成这次危机的原因虽然众说纷纭，但是，西方一部分经济学家认为，美国制造业的衰退、大量的海外工作外包（Outsourcing）无疑是引起这次危机的重要原因。实践中，美国提出的"再工业化"和印度提出的"印度制造"计划①，无疑是现实政策对制造业衰落的一种回应和美好的结构变化愿景。

经济结构的变化，除了影响到经济增长外，更为重要的是，影响一个国家的就业率和就业结构。这一点在发达国家尤为明显。近 40 年来，在大多数工业化国家和许多中高收入的发展中国家中制造业就业比例快速下降（Kaldor，1966，1967），如欧盟国家的制造业就业人口比例下降达 1/3 之多（Palma，2008）。在经典文献中，这种制造业就业比例下降趋势通常被称为去工业化（de-Industrialization）。去工业化现已成为世界经济的一个普遍现象，受到经济学家高度关注（Palma，2008；Dasgupta 和 Singh，2006；Rowthorn 和

---

① 2014 年，印度总理莫迪一上台便提出了雄心勃勃的计划，誓要解决印度制造业长期"瘸腿"的痼疾，将制造业在国民经济的比重由 15% 提升至 25%，把印度打造成为新的全球制造业中心。

Ramaswamy，1997；Tregenna，2009）。20 世纪 80 年代，美国一部分自由主义和保守主义学者提出了"去工业化假设"，认为制造业工作岗位流向海外是美国经济衰退的主要原因。为了阻止这种衰退，美国应该放弃自由贸易政策，保护国内制造业。2008 年金融危机后，美国政府和学者中增加了很多这种理论的信仰者。总统奥巴马宣称美国要实行"再工业化"（Reindustraliztion）政策，重塑美国制造业的辉煌，以降低美国失业率。

发达国家在经历去工业化的同时，发展中国家正在进行工业化。全球化推动的国际贸易无疑给发展中国家的经济发展带来了无限机遇。中国作为世界上最大的发展中国家，改革开放以后，经济经历了快速发展，1978～2011 年的平均增长率达到 9.9%左右。从经济增长总量来看，世界银行的数据显示，中国成为世界第二大经济体，中国自 2010 年起在 GDP 总量上超过了日本，占当年世界 GDP 总量 9.4%。中国的制造业更是发展迅猛，正在成为世界制造业的中心，从就业人数来看，中国的制造业的就业人数已经超过 G7 国家的总和。改革开放后，中国的经济结构发生了根本性变化，第二产业比重持续扩张，第三产业比重稳步上升。

中国经济快速发展，引起了国内外经济学家的极大兴趣。为此，经济学家提出了多种多样的理论解释。然而，有学者认为，中国的改革开放为承接国际产业转移创造了良好的条件，中国的快速崛起是和发达国家的去工业化相关的（Ungor，2013）。

随后，经济全球化加深，新的国际分工体系使国际产业转移呈现新的特性，中国经济发展面临着许多新机遇与挑战。全球化通过贸易和投资的自由化与便利化，运输和通信的科技革命，市场在全球范围内配置资源的作用不断扩大，造就了国际产业结构调整、转型和转移新趋势。国际产业分工已由传统的产业间分工、产业内分工进一步演进深化为产品内工序分工。产品内工序分工就是很多产品生产过程包含的不同工序和区段，被拆散后在空间上分布和展开到不同国家去进行，形成以工序、区段、环节为对象的分工体系。这种新的分工体系是由全球价值链模式所主导的产业转移所形成的。具有产品内工序分工性质的服务外包新型国际分工方式，成为推动服务全球化的重要驱动力。服务全球化和服务外包是近十多年来经济全球化进程中最鲜明的阶段特征之一。中国产业在全球产业链中长期处于低端，产业发展有很大的外部依赖性。中国经济正处于转型的关键时期，对外开放程度与日俱增，在新的国际分工体系下，如何进一步发展产业结构的调整，如何摆脱这种处于国际分工低端困境、如何提高产业的国际核心竞争力，是中国经济未来能否可持续发展的一个关键方面。

此外，中国国内的产业结构调整和优化升级到了关键时刻。一方面，中国的城市化步伐不断加大，城市群和产业带初步形成，尤其是在东部地区的发展十分迅速，制造业发展迅猛，但目前面临着成本提高的难题，出现了制造业转移出去趋势。另一方面，中国疆土辽阔区域经济发展差异巨大，东部沿海地区的发展远远领先于中西部地区。2010 年以来，国际金融危机进一步深化，美国和欧洲都实施了一定程度的量化宽松或"准量化宽松"政策，即美国的 QE3 和欧洲央行宣布的"直接货币交易"计划。在这种情况下，拥有巨额外汇储备同时又大量购买美元资产的中国如何利用这些外汇储备进行产业升级和调整？

在世界经济去工业化的浪潮下，我国政府特别重视产业发展路径选择，如党的十八大报告指出，我国的当前经济发展必须以改善需求结构、优化产业结构、促进区域协调发展、推进城镇化为重点，着力解决制约经济持续健康发展的重大结构性问题。因此，在世界经济去工业化问题不断强化以及新的国际分工体系逐渐成形的背景下，研究基于去工业化视角的中国产业发展路径的应对之策，研究我国国内产业发展路径的选择、产业结构如何优化升级问题，无疑具有重大意义和现实价值。

1.2　研究思路与方法

本书研究的主要问题是：在世界"去工业化"潮流下，在新的国际分工体系下，中国如何选择自己的产业发展政策，避免由此带来的负效应，抓住承接国际产业转移带来的发展良机？重点从新兴工业化国家的去工业化实践分析去工业化带来的产业结构的影响，为中国建立新型工业道路而进行的产业转型提供一种启示。

1.2.1　研究思路

本书基于后工业化时代的去工业化背景，中国如何选择合适的产业发展路径，保持经济长期快速增长。通过分析发达国家去工业化的过程和基本特征，分析去工业化的原因与影响，针对中国产业发展所处的时代特征提出相应的发展对策。

首先，通过厘清结构变化、工业化、产业发展路径概念，从文献综述基础上分析结构变化与产业发展的关系，以及工业化进程中结构变化的特征和对经济的影响。

其次，建立一个新的理论框架对结构变化中出现的去工业化进行解释。将已有的各种解释理论与工业化中的某个特定过程联系，建立一个逻辑上一致的理论框架。该理论框架能对不同类型经济的去工业化进程做出更为合理的解释，并能为发展中国家提供解释与预测。

再次，建立合适的计量模型估计结构变化以及去工业化的经济影响。包括以下几个层次的影响：①结构变化对生产率的影响；②去工业化对就业和经济增长的影响；③过早的去工业化的识别和影响实证等。

最后，分析去工业化与产业转移的关系，并对中国全国和地区的结构变化进行分析，探讨中国产业发展中面临的挑战与机遇，提出相应的产业政策选择路径。

1.2.2 研究方法与重难点

根据研究目的和思路，本书的主要研究方法如下：

（1）定性与定量分析相结合。在去工业化的原因方面，主要采用定性分析为主，通过分析文献中的相关理论，结合定量分析的结果，提出新的解释理论。而分析去工业化对经济影响方面主要采用定量方法，通过定性理论分析建立计量估计模型进行实证分析。

（2）归纳与演绎相结合。通过分析多个国家或地区的去工业化经历，归纳出一些一般的规律；在分析具体国家的情况时，则采用演绎方法由一般推理到特殊。

本书研究的重点：①将去工业化过程与世界经济发生的一些重大经济变革，如经济转型、经济危机、贸易保护主义抬头、再工业化、增长快慢和强弱转变等联系起来，对不同经济中的去工业化过程提出合理的解释；②去工业化经济影响的评估；③在政策方面，政府如何制定恰当的产业政策，避免去工业化带来负面影响，抓住去工业化带来经济结构变化的机会促进产业结构升级，培养新的经济增长引擎。

本书研究的难点：①通过设定合适的计量模型，估计结构变化（去工业化）对发展中国家带来的经济影响；②建立新理论，解释发展水平相近的国家为何出现去工业化程度不一的现象；解释什么程度的去工业化对经济的负面影响较小；③如何制定产业政策防止发展中国家的发达地区不合适的去工业化带来灾难性的后果。

1.2.3　研究内容与意义

去工业化作为经济结构变化所产生的一种现象，经济学家之所以重视这个问题，是因为人们想知道下面问题的答案：去工业化是不是会必然发生？去工业化会对经济增长产生多大的影响？发展中国家在工业化的进程中如何从发达国家的去工业化中把握发展机会以及汲取经验教训？等等。

对于产业发展路径的选择，至少需要回答以下几个问题：产业发展路径选择的背景、产业发展的动力与阻力因素、产业发展路径的模式以及相应的政策等。本书主要围绕这些问题展开，重点突出去工业化背景下的产业发展问题。需要说明的是，在本书的文献综述中，集中讨论与去工业化、经济结构变化和产业发展相关的经济文献，而忽略了经济增长理论中其他方面的文献。

本书采用理论模型与实证分析相结合的方法，重点探讨了以下四个方面的问题：一是工业化和去工业化对产业发展和升级影响的理论分析。本书认为，去工业化是经济发展过程中出现的一种特征事实，本质上是要素再配置过程。根据其对经济发展影响的差异，可分为多种类型，如积极的去工业化和消极的去工业化、总量去工业化和结构性去工业化、发达国家的去工业化和发展中大国区域性去工业化等。产业升级转型是经济增长的动力源泉转型过程，去工业化对产业升级转型的影响是"双刃剑"，积极的去工业化有利于促进产业升级，消极的（过早的）去工业化可能会削弱一国经济发展的根基。

二是去工业化对就业、生产率变化、增长率影响的实证分析。首先，使用 Groningen 增长与发展中心 42 个国家（地区）1960~2010 年的数据，发现样本中近 7 成国家出现了去工业化现象。让人意外的是，经济落后的拉丁美洲和非洲不少国家也出现了去工业化。但是，制造业就业占比的下降原因不尽相同。制造业就业（水平量或占比）下降可能源于劳动密度改变，也可能源于制造业产业（水平或占比）下降，而且，这两种情形下的制造业就业下降有不同的原因、结果和政策建议。其次，使用世界银行1990~2012年共118个国家和地区数据实证分析制造业对增长的贡献，发现制造业对经济增长的作用呈现出倒"U"形的非线性关系。去工业化是否对经济产生负面影响，其重要的因素是服务业能否快速增加或生产率是否有较大提高。

三是我国结构变化的总量特征和地区特征的实证分析。使用1978~2018年我国全国和地区经济发展数据，采用固定效应模型和随机效应模型估计制造业对经济增长率、制造业生产率、整体经济生产率的影响。发现：①就全国而言，工业（制造业）对经济增长影响符合卡尔多定律。而且，如果去工业化进而影响制造业的增长率，那么这种去工业化将对经济增长有负面的影响。相反，则没有负面的增长效应。②就地区而言，由于地区间的制造业增长速度、产出占比和就业占比差异大，卡尔多定律的系数在地区间不相同。其政策含义为，我国地区间的（制造业）产业转移还存在空间红利，通过地区间的产业转移，一方面可以促进地区间的产业结构升级，发达地区转移或淘汰边际生产率递减的制造业，发展新型产业实现产业升级，而对于欠发达的中西部地区，通过承接发达地区的制造业减少农业占比，提高制造业占比；另一方面维持整个国家经济的持续增长。

四是我国去工业化的特征、产业结构升级机制和路径选择。总体上来说，全国没有出现明显的总量去工业化现象，但是存在发达地区的区域性去工业化，而且，不久的将来我国经济进入去工业化阶段是必然的。我国的产业结构变化基本符合一般产业发展的规律，经济增长主要来自第二产业（工业）贡献，第一产业仍然是我国就业的主要领域，从动态的变化趋势来看，我国产业结构中第三产业作用和比重逐年增加，第二产业总体上先增加后回落。在政策建议方面，正确认识和积极引导去工业化，将对我国维持经济持续增长有重要影响。重点是我国产业发展路径要坚持结构性去工业化，从平推式工业化转向立体式工业化道路；利用区域性去工业化促进区域间的产业转移，发展各地区的优势产业。区域产业转移要坚持市场化为主，政府引导为辅的原则。在产业转移过程中，应该遵循市场规律，尊重各类企业在产业转移中的主体地位，处理好政府和市场的关系，突出市场在资源配置中的决定性作用。

对于去工业化问题的研究，理论意义有：①在国外，有大量的学者研究去工业化问题，但更多的是从发达国家的视角出发，分析去工业化产生的原因、对经济的影响以及如何采取相应政策予以应对，而对发展中国家过早的去工业化问题的关注在主流文献中不多见，直到哈佛大学经济学教授 Rodirk（2016）在《经济增长杂志》发表了名为"过早的去工业化"的论文，该问题才受到应有的重视。②已有文献对中国的工业化问题研究很多，最近几年，服务外包已经成为国内学术界研究的一个热点。但是，国内文献对世界经济的去工业化研究非常少，少有的几篇和中国相关的去工业化论文，都是将中国放在去工业化受益方来分析的，很少从中国的产业结构调整升级的视角来研究全球的去工业化问题。对中国如何抓住世界去工业化带来的机遇，以及中国部分地区可能出现的去工业化问题研究，总体上理论不够深入，实证研究相对薄弱。

在实践方面，随着近 40 年来我国经济持续快速增长，产业结构发生了重大变化。经济快速增长源于多种因素，其中产业结构变化是一个重要方面。二战以后，世界多数经济体出现的一种典型产业结构变化是制造业的影响（产出占比或就业占比）下降，常被称为去工业化。去工业化对经济发展的影响是多方面的和深远的，理论上对去工业化对我国产业发展影响分析不多。如何认识去工业化对我国经济的影响以及如何在这种背景下选择合适的发展路径等，对于保持我国未来的持续增长，避免经济增长中的"中等收入陷阱"具有重要意义。

2

结构变化和产业发展
路径的理论概述

　　长期以来，工业化一直被视为经济增长的引擎。导致工业化并反映其存在的结构变化已在 20 世纪经历了快速经济增长的国家中得到了广泛研究。去工业化多数发生在高收入国家，但最近在中等收入国家也出现去工业化现象。对于这些国家来说，21 世纪的工业化挑战实际上也是再工业化的挑战。然而，一些发展中国家在未完成"工业化"过程的情况下，却似乎经历了"过早的去工业化"。意味着与发达国家相比，这些国家在较低的收入水平上制造业就业和/或产出所占的份额开始减少，或者说，与发达国家相比，这些国家的制造业就业和产出所占比重的峰值更低。

　　本章从经济结构变化、去工业化、产业发展路径三者关系进行文献综述，试图从理论上回答三者的关系。从历史上看，经济发展的过程是人均收入低水平的经济体通过经济增长、增加生产力、改善生活水平以及结构转变，将重要的生产资源在不同的经济领域重新分配，实现农业经济的工业化。这种结构转变的好处在于提高了生产率更高的制造业在经济中占有更大的份额，从而刺激经济增长。然而，在全球化不断深化的背景下，不少国家的结构变化对经济发展产生了意想不到的后果。

2.1　经济结构变化

　　对于结构变化，国内外文献虽有理论分析，但以实证文献为主，研究重点为结构变化带来的经济增长效应，即经济结构变化对经济增长的贡献大小。结构变化作为经济增长中出现一种特征事实，很早就受到了学者关注，但在现代增长模型中却没有重视，甚至可以说被忽略了。结构变化和增长理论似乎为两个平行的研究方向，没有交集，不过最近有学者试图将这两个方面综合起来。然而，结构变化与经济增长以及与去工业化之间到底存在什么关系呢？下面对这方面的主流文献从理论和实证方面进行综述，厘清相关概念和理论。

2.1.1　结构变化效应的理论分析方面

2.1.1.1　经济发展与结构变化

根据如何分析经济结构和经济活动的专业性，大致有三种广义经济发展学派，即新古典主义、新熊彼特主义和卡尔多主义学派（Palma，2005）。前两个学派一般是基于这样的均衡过程假设，即在中长期内边际收益会导致生产要素的最佳分配。这两个学派不重视经济结构重要性，尽管后者与活动有关。而卡尔多主义认为经济结构（部门）与经济活动特殊性息息相关，尤其是，制造业很特殊，因为它具有规模收益递增的属性。

新古典主义流派理论认为经济结构和经济活动的特殊性无关，其典型代表是 Solow 模型（Solow，1956），即一种单部门的经济增长模型，没有考虑经济活动或结构转型在部门间重新分配过程，经济增长是由物质资本积累、人力资本以及技术创新驱动的。新古典主义增长模型作为外生增长模型，一个重要结论是在资本和技术可以自由流动的假设下经济体之间会出现趋同趋势，即贫穷国家的增长速度将快于富裕国家，并且拥有相同技术的国家将以相似的收入水平趋同。在政策方面，新古典主义强调，价格扭曲导致资源分配效率低下，因此导致短期和长期的增长受限。因此，政府主要政策建议是消除由税收、补贴、贸易限制和汇率造成的市场扭曲，这与结构主义学派的政策建议形成鲜明对比。

与新古典学派一样，新熊彼特学派对经济部门（结构）也不关心，但关心经济活动的特殊性。他们认为，研发对经济增长很重要，但是制造业在提高规模效应或溢出效应等方面和其他产业基本相同，也就是说制造业对经济发展的贡献没有什么特别之处。

卡尔多主义学派起源于古典政治经济学而被称为古典主义学派，是将经济发展视为结构变化的结果，也被称为结构主义学派，代表性学者包括刘易斯（1972，1976，1979）、卡尔多（1967，1978）、钱纳里（1979）、赫希曼（1958）等。该学派认为，经济增长动力来自生产活动和制造业的资本积累效应，劳动力和其他投入向更高生产活动的转移是经济发展的驱动力。正如卡尔多（1967）所指出的，在制造业中，产业投入产出的前向和后向联系最强，资本积累、技术进步、规模经济和知识溢出的范围也很强。此外，由于劳动分工、专业化和干中学的深化，制造业产出增长与劳动生产率之间存在很强的因果关系，而且由于规模经济的存在，制造业生产率增长的空间也很大。近年来，结构主义理论传统方法常常与新古典增长模式所带来的资本积累和技术进步相结合，有时被称为新结构主义经济学。McMillan 和 Rodrik（2011）在他们的开创性工作中探索了结构变化和劳动生产率增长的模式。林毅夫（2012）对新结构经济学提供了较全面的概述。

对于结构变化推动经济发展的力量，早期理论上有两种不同观点：一种观点认为，农业部门内产生推动因素。如刘易斯（1954）认为，农业经济中的剩余劳动力处于就业不足和隐形失业的边缘。结构变化使这些非生产性工人参与生产活动，例如制造业，扩大了农业以外的就业机会，从而促进了经济发展。另一种观点认为，农业生产率低是该部门的技术特征，因此，提高农业内部的生产率是触发经济发展的必要条件（Schultz，1953）。这两种推动因素的理论都强调农业部门的多余劳动力转移到其他经济部门，经济出现结构变化。通常，一个经济体结构变化的第一阶段是劳动力从农业部门转移到制造业和相关的服务活动。由于工业部门的高生产率，推动经济增长以及持续的结构变化，从而使经济走上经济发展道路。这些表明，一个国家有利于经济发展的公共政策应该引导劳动力向制造业和服务业流动。但是，由于他们对推动经济发展的因素的假设存在差异，因此这两种观点对政策在发展过程中的作用有着非常不同的影响。

如前所述，第三个学派经济发展的理论基础与卡尔多和刘易斯有关。制造业被视为经济发展的引擎观点是基于卡尔多（Kaldor，1967）的论文。卡尔多认为，经济发展需要工业化，因为制造业的收益递增意味着制造业产出增长更快，从而导致更快的经济增长。从更广意义上讲，对经济结构的理论分析主要有以下三个文献分支：

其一，基于刘易斯（1954）二元经济模型的结构主义，认为结构变化是增长的原因。二元经济模型认为资本积累的驱动力是劳动力在部门间的流动，即劳动力从"传统"部门（生产率低、工资低）向"现代"部门（生产率较高）流动。结构主义强调传统部门中存在剩余劳动力，且部门间存在生产率的差异，结构变化提高了整个经济的生产率。可以说，刘易斯提供了发展中国家最著名的经济发展模式之一。尽管该模型最早的版本已经有60多年的历史，但今天仍然适用于发展中国家。当然，刘易斯的模型也受到不少质疑，其中许多都与维持生计的传统部门的劳动力剩余的假设有关。因为国内劳动力转移可能不是持续的、单一方向的，不能保证劳动力是从低生产率转移到高生产率的活动。许多发展中国家经历了从低生产率农业向低生产率服务业的转移，另外一些发展中国家则存在"过早去工业化"现象。

结构主义理论将低收入水平归因于经济的基本结构特征。例如，产出严重依赖生产率低的传统产业（通常是自给自足的农业）以及较小规模的具有大量资本和先进技术的现代（制造业）产业，且现代部门通常由外资建立，从事初级出口，相对于总劳动力，现代部门的就业通常较低等。这些特征阻止了内生增长动力的产生，从而导致恶性的贫困陷阱（Hunt，1989）。

在政策方面，发展经济学家一段时期内将结构主义视为主流，主张政府主导产业升级政策，应通过对投资者实行激励措施来解决其经济的结构特征。例如，建议某些国家替代进口，为不发达国家建立共同市场以发展关键工业部门，创造最终产品并增加国内需求。实现这一目标的主要政策手段包括降低关税和配额，外汇配给，对现代产业部门实行低利率以及对工业投资者实行优惠税收制度。但由于该类政策在实践中受到很大挑战，从而转向侧重市场忽略结构变化的新自由主义（林毅夫，2010）。

其二，基于鲍莫尔的不平衡增长模型，认为结构变化会阻碍经济增长。鲍莫尔（1967）及其合作者（1985，1989）认为，部门间的生产率存在不均衡增长，结构变化导致资源不断从"技术进步的"工业部门向"技术停滞的"服务部门转移，出现了"鲍莫尔成本病"，从而导致经济增长率的下降。鲍莫尔的观点得到了一些经济学家的证实，如 Bosworth 等（2003），然而该理论的预测与卡尔多的"特征事实"不符。

其三，基于内生增长模型（Lucas，1988），强调结构变化对内生增长的贡献。这支文献试图从多方面协调鲍莫尔模型和"卡尔多事实"，即使部门间存在不平衡增长，但结构转换会使总体经济保持平衡增长。最近该支文献成为分析结构变化效应的主流，如有的强调结构变化会增加人力资本（Pugno，2006）。

现代宏观经济增长模型大多是以"卡尔多事实"成为分析的起点，考虑的是平衡增长路径而忽略了库兹涅茨事实，即现代许多增长模型没有考虑经济结构的变化（Homer 和 Sylla，1991；Barro 和 Sala-i-Martin，2004）。

大部分新古典经济增长模型符合"卡尔多事实"，即相对不变的增长率、资本产出比例、实际利率等。然而从各国发展历史来看，经济部门的相对重要性不断发生变化，即结构变化，为经济发展实践的一种重要特征。为了考虑结构变化的效应，最近一些文献将结构变化纳入了经济增长与发展模型（Kongsamut 等，2001；Hiroaki，2012；Dolores Guilló 等，2011）。这些模型共同特点是，采用非位似效用函数，反映恩格尔法则对经济结构的影响，强调非平衡增长的需求方面的原因；同时，部门之间的边际替代率随时间发生变化。这些模型即强调结构变化对经济增长影响，同时仍然和卡尔多事实近似一致。如 Kongsamut 等（2001）建立了一个非平衡增长模型（Beyond Balanced Growth Model），同时兼容"卡尔多事实"和考虑结构动态变化的库兹涅茨事实，能够分析就业在不同产业之间配置对经济增长的贡献。

然而，这些强调需求方面原因的文献和鲍莫尔（1967）原始的非平衡增长理论有所差异。在鲍莫尔模型中，非平衡增长源自各部门之间的生产率差异。也就是说，是从供给方面来分析经济的非平衡增长。虽然后来有一些文献沿着鲍莫尔的思路进一步发展，但是总体上，从供给方面解释非平衡增长的理论模型不多。其中一篇比较有影响的文献是 2008 年 Acemoglu 和 Guerrieri 在《美国经济评论》上发表的论文《资本深化与非平衡增长》。他们从更加具体的供给方面原因来解释鲍莫尔（1967）的非平衡增长。通过建立一个两部门的一般均衡模型，他们分析资本深化与非平衡增长的关系。在模型中，该经济的部门间具有不变的替代弹性，使用柯布—道格拉斯生产函数，其结论是部门间由于具有不同的要素比例（如资本份额差异），随着资本劳动比例增加，有资本密集型部门的产出增长更快，从而导致了部门间不平衡增长。

2.1.1.2 结构变化的潜在风险

当然，结构主义的部分学者也承认结构变化实际上可以是促进增长，也可以是阻碍增长，这取决于劳动力的重新配置的情况。对于发达经济体而言，在其经济向后工业阶段发展时期，结构变化可能发生重大变化。也就是，在制造业中的劳动力比例达到顶峰，并开始下降。这种就业从制造业转移出来的原因是该部门的高生产率增长，再加上制成品和非制成品之间的替代弹性小于一。经济的就业去工业化伴随着就业从农业和制造业转移到服务业。因为农产品需求的收入弹性低于服务业需求收入弹性，从而限制了市场对农产品的需求增长，增加了服务需求，导致资源从高生产率制造业向低生产率服务业流动增加。

对于发展中经济体而言，经济全球化背景下资本、技术和技能流动更加自由，公共政策对其结构变化和工业化进程变得更加关键，不合适的公共政策可能导致其经济出现对全要素生产率极其不利的结构变化。这是由于全球化所具有的杠杆作用，良好的公共政策，可以让一个国家吸引大量流动性很强的国际资本和技术，从而放大结构变化的收益。如果缺乏适当的公共政策，全球化将起到反向的杠杆作用，经济体在结构变化过程中面临着巨大的阻力，可能导致工业化的过早发展，以至于后来文献所说的"过早的去工业化"（Premature de-Industrialization）问题，从而阻碍其向中等收入国家过渡（Rodrik，2016）。

Rodrik 等（2014）在《全球化，结构变化和生产率增长》中讨论了结构性变革朝着错误的方向发展的可能性，他们确定了三个影响结构性变化是否朝着正确的方向发展的因素：第一，在初级产品方面具有明显比较优势的经济体，其自然资源在出口中所占的份额越大，提高生产率的结构变化的范围就越小。因为与制造业和相关服务业不同，矿产和自然资源不会创造太多就业机会，也无法吸收农业剩余劳动力。第二，那些货币具有竞争力或被低估的国家，往往会经历更多促进增长的结构性变化。汇率低估相当于对制造业行业起到了补贴作用，促进了它们的扩张。例如，拉丁美洲和非洲国家通常在货币被高估的情况下实现贸易自由化，高估的货币降低了可贸易行业的竞争力，尤其是限制了现代制造业的发展。相比之下，亚洲国家通常以具有竞争力的实际汇率为目标，其明确目的是促进其可贸易产业的发展。第三，劳动力市场更灵活的国家往往会经历促进增长的结构性变化。因为当劳动力容易地在公司和部门间流动时，结构变化也就变得容易。

2.1.1.3 去工业化型结构变化

有关去工业化的文献于 20 世纪 70 年代后期在英国出现，其主要贡献是阿吉特·辛格（Singh，1977），其主要关注的是英国经济增速放缓。在经济处于"不平衡"状态且其制造业缺乏竞争能力的时候，贸易自由化和资本自由流动是导致去工业化的最终原因。但是从那以后，就业去工业化一直被认为是发达国家工业化的自然结果。由于制造业生产率的快速提高，制造业商品的价格下降，因此，相对于服务而言，这些商品的需求价格弹性有所变化。

在研究去工业化的文献中，较早出现的是如何界定去工业化的含义。虽然在经济学文献中，去工业化有多种含义和理解，但是，通常学者将经济结构变化中制造业就业比例下降称为去工业化（Rowthorn 和 Ramaswamy，1997；Crafts，1996；Rowthorn 和 Ramaswamy，1999）。在这种定义中，制造业就业比例的下降，包括相对比例下降，或绝对比例下降。对去工业化的程度，多数文献主要将制造业就业份额的下降程度作为度量变量（Alderson，1999；Crafts，1996；Rowthorn 和 Ramaswamy，1999）。此外，也有不少研究者从更为广泛的含义，加入其他辅助变量来界定去工业化，如制造业就业份额和产出份额（Kang，2004）、工业就业份额的下降（Rowthorn 和 Coutts，2004）、劳动力由制造业向农业的流动率（Clingingsmith 和 Williamson，2005）等。当然，较为系统的测量度量指标是由 Singh（1977）提出的，包括：①制造业产值。②制造业就业的绝对人数和相对比重。③制造业产值占 GDP 的比重。④制造业的净出口（对外贸易余额）等。

去工业化在不同国家产生的原因是人们关心的焦点，对此文献中有大量的讨论（Alderson，1999；Burgstaller，1987；Chesnokova，2007；Kollmeyer，2009；Krugman，1996）。早期文献认为，去工业化主要是与制造企业效率提高和消费者生活水平提高相关联，但是，自从 20 世纪 80 年代，许多学者集中于全球化以及带来的制造企业可以到海外将其业务外包给低工资的地区（Kollmeyer，2009），以及本国公共部门快速扩张导致政府消费大量增加，从而造成公共储蓄、投资和出口下降（Ansari，1995；McKinnon，2004）。

对于去工业化产生的原因，现有文献主要从供给和需求方面的因素进行解释，尽管有的文献可能包括更多的解释原因（Debande，2009）。对于这些用供给与需求因素解释去工业化程度的相对重要性则见仁见智。如

Rowthorn 和 Ramaswamy（1999）、Rowthorn 和 Coutts（2004）认为，发达经济内在的供给与需求方的因素（如生产率提高和消费类型转变）比外部因素（如贸易）更能解释去工业化。如欧盟 1992～2002 年，内部因素能够解释工业就业份额下降的 70% 以上。使用相同的方法，Boulhol（2004）分析了 OECD 国家 1970～2002 年的样本，估计发现，来自新兴国家的竞争压力即国际贸易方面只能解释"去工业化过程"的小部分（15%），工业部门就业的比例下降主要来自内部机构调整。

然而，有人认为南北贸易等外部因素不是发达国家制造业就业持续下降的主要原因，而这些国家的内部原因才是主因。例如，Rowthorn 和 Ramaswamy（1999）分析了 1963～1994 年 18 个工业化国家去工业化现象，发现制造业就业下降主要是由于内部因素而不是外部因素引起的。他们论证了，生产率的快速增长是去工业化的主要原因，而南北贸易对去工业化的影响小于 20%。Boulhol（2004）使用 1970～2002 年的数据，分析 OECD 国家去工业化的原因。其结论和 IMF 的研究相一致，即工业部门的就业萎缩主要是由于经济发展过程中工业部门更高的生产率的"自然的"内部机制导致；国际贸易平均只能解释去工业化的小部分（15%）。与南方国家的贸易所减少的工作和出国增加所新增的工作基本相当。

至于去工业化对经济产生的影响，也是文献分析的一个重要方面（Ungor，2013；McKinnon，2013；Kollmeyer 和 Pichler，2013；Tregenna，2011；Zgreaban 和 Nicolae，2010；Kollmeyer，2009）。国外主流文献中，绝大多数认为去工业化将产生负面影响，只有少数文献认为去工业化将产生正面影响。

去工业化将对经济体自身产生许多经济和社会的溢出效应。去工业化过程作为工业化之后的一个产业发展的自然过程，符合产业自身发展的规律性，所以有的作者认为去工业化对发达经济并不是一件坏事。如 Rowthorn 和 Coutts（2004）指出，去工业化并不一定是负面的产业空洞化，即制造业萎缩，失业率上升和经济成长迟缓，也可能是正面的资源重新分配，由制造业转向以服务业为主体的经济体系，同时经济持续增长。Borel‐Saladin（2009）等通过比较分析地区历史发展资料也发现，在许多地区服务业就业的增长能够产生大量的中等收入的就业机会，并能够抵消不断下降的制造业所引起的中等收入工作的流失。

然而，多数文献，如 Boulhol（2004）、Chesnokova（2007）、Ungor（2013）等认为，去工业化对一个国家或地区经济会产生诸多负面影响。概括起来，去工业化可能的负面影响主要有：

（1）导致失业问题恶化。制造业就业人数的下降可能会提高整体失业率。原因之一是通常制造业的就业乘数很高。Moretti（2010）估计，在一个给定的城市，制造业每增加一个工作岗位，就会在非贸易部门创造 1.6 个工作岗位。如果在制造业下岗的工人转到工资较低的服务业工作，对商品和服务的需求可能会下降，从而导致进一步的裁员。制造业失业的工人常常发现自己拥有的技能难以匹配市场现有的需求。如果得不到合适培训，他们的工作机会通常局限于生产率低的服务业（如餐饮业或酒店业）。因此，随着制造业就业人数的下降，长期失业率和青年失业率都会上升。

此外，如果劳动市场存在黏性，非制造部门不能完全吸纳从制造部门转移的劳动力。特别是，去工业化导致本国的产业过程的大量外包活动（Outsourcing），减少了对本国劳动力的需求。在去工业化对失业率的负面影响方面，Kollmeyer 和 Pichler（2013）运用 16 个 OECD 国家 34 年的数据分析发现，去工业化是导致富裕国家高失业率的原因，"双向和固定效应回归模型表明，去工业化不仅导致这些国家失业增加，而且是高失业现象的重要原因之一。这些结果在不同模型设定和估计策略下是稳健的"。这是去工业化带来的最显著的负面影响。如 2007 年金融危机后，西方发达国家通过"再工业化"来增加就业岗位就是一个很好的例子。同样，Mitchell（2000）发现，由于贸易赤字导致制造业就业机会减少，且 1993 年的贸易赤字能够解释 1992~1993 年澳大利亚失业率为 34% 的原因。

（2）削弱经济增长的引擎。因为制造业通常为一个经济的增长引擎，去工业化导致制造业比例的下降，从而减少经济增长的动力。在 1985 年鲍莫尔等对非均衡模型做了修正，把一个经济体分为三个部分：停滞部门、进步部门、渐进停滞部门。这主要是因为把整个服务业看作是停滞部门有一定的限制性，可以把其中的一些定义为渐进停滞。渐进停滞活动主要是指使用一定的进步投入和一定的停滞投入。实证修正是根据美国 1947~1976 年数据资料，鲍莫尔等发现停滞产业的相对价格上升率与生产力增长的减少率大体相当。

（3）导致一个国家产业和地区的不平衡发展，收入不平等增加。最近人们对制造业衰退的担忧，与其说是与制造业增加值下降相关，不如说是与蓝领工人失去工作机会有关，以及随之而来的收入不平等加剧（Autor，2019）。来自美国和其他国家劳动力市场的经验证据表明，制造业就业减少对受教育程度较低的工人影响巨大。制造业的工作岗位被其他行业薪资更低、保障更少的工作岗位所取代，衡量收入不平等的基尼系数将会上升。微观层面的证据表明，在这种背景下，制造业裁员后劳动力市场的调整是缓慢的，工人工资和失业率多年来处于停滞状态，这两种因素叠加在一起加剧了不平等（Teimouri 和 Zietz，2020）。

（4）生产率下降。工业化通常为提高生产率的结构变化提供了机会，因为制造业以显著的生产率优势从农业吸收非熟练劳动力（Herrendorf、Rogerson 和 Valentinyi，2013）。根据 Rowthorn 和 Ramaswamy（1997）的理论，随着工人转移到效率更低的服务业，去工业化的一种可能后果是整体经济的生产率放慢，将导致生活水平增速的放慢。与亚洲国家大多数国家相比，撒哈拉以南非洲和拉丁美洲的大多数国家由制造业衰落所导致较低生产率就是最好的例子（McMillan、Rodrik 和 Verduzco-Gallo，2014）。

2.1.1.4 发展中国家的"过早的去工业化"问题

通常，去工业化一词主要针对发达经济体而言。然而，在过去几十年中，去工业化主要是在中低收入国家中出现的一种趋势，即除了一些亚洲国家（地区）以外，发展中国家的制造业就业和实际增加值中的份额都下降了，特别是自 20 世纪 80 年代以来。这些国家在 20 世纪 50 年代和 60 年代由于产业保护和进口替代性政策下制造业发展良好。但是自那时以后，这些国家的制造业行业一直在急剧萎缩。特别是，撒哈拉以南非洲地区的低收入经济体与拉丁美洲的中等收入经济体。学者将这种未完成工业化阶段就出现制造业比例下降的情况称为"过早的去工业化"。哈佛大学的 Rodrik（2016）指出，中低收入经济体制造业占比下降可以被认为是过早的去工业化，有两个方面的含义：①经济正在经历的去工业化比历史标准要早得多。较晚的工业化国家可能无法建立大型的制造业部门，与早期工业化国家相比，它们开始以低得多的收入水平去工业化。②过早的去工业化可能对经济增长产生不利影响。因为制造业在技术上往往是一个动态的部门，能吸收大量非熟练劳动力，也是一个可贸易部门，这意味着制造品不受国内市场的需求限制，因此，制造业的占比过早的下降，就会对经济发展产生不利影响。不同经济体"过早的去工业化"的具体原因可能有差异，学者们试图找到其共性。例如，Sposi 等（2019）通过建立一个动态的多国、多部门模型，验证了结构变化的四种主要机制：非同质的偏好、不对称的部门生产率增长和国际贸易，以及包括中间产品和投入产出联系机制，并且使用校准模型分析四种渠道对过早的去工业的影响，发现贸易成本变化对过早去工业化的影响巨大。

其实，早期文献对过早的去工业化的关注较少。帕尔玛（Palma，2005）曾声称过早的去工业化的最终原因是"荷兰病"。制造业在发展过程中通常遵循倒"U"形的路线。尽管在发展中国家也遵循这种模式，但与发达经济体开始去工业化时的收入水平相比，发展中国家的转折点来得更快，收入水平也更低，而且，在没有经历工业化的情况下，正在向生产率普遍较低的服务型经济转型（Rodrik，2016）。

对于发展中国家经济结构变化是否也会出现发达国家的去工业化现象也有所关注，但文献并不多。Ansari（1995）分析了印度、巴基斯坦和斯里兰卡三国的经济结构的变化特征。文章发现这些发展中国家经济结构呈现出大致相同的特征，即农业的比例不断下降，制造业和服务业的比例不断上升，并且服务业的比例增长更快。但是，作者又指出，这些国家的服务业在 GDP 中的比例快速上升的同时，并没有出现像西方发达国家中制造业比例的下降趋势，即去工业化。作者依据 1973～1991 年的数据证明了这些国家的服务业的快速增长主要是由于人均收入增加和政府支出不断上升引起的，即长期趋势论（The Secular Trend）、Bacon 和 Eltis 的观点。长期趋势论认为，经济结构变化适用于需求升级结构变化引起的，而 Bacon 和 Eltis（1978）在《英国的经济问题：太少的生产者》一书中指出，公共部门的快速扩张引起产业结构变化，因为政府支出大部分是服务行业相关的，这会导致大量资源流入服务部门，同时会导致国内储蓄、投资和净出口的下降，使制造业面临的压力不断增加，状况逐渐恶化。可见，现有的主要文献对发展中国家或地区的去工业化问题结论并不一致。

关于中国的去工业化问题，不少文献认为，我国工业化过程中可能存在去工业化的负面影响，如樊纲（2003）指出中国存在产业空心化的苗头。对我国出现去工业化的原因和影响，有学者认为，引进外资的萎缩将导致国内的去工业化出现，就业压力将剧增（程晓农和仲大军，2005）。但也有学者认为去工业化与最近的国际金融危机相联系，如王秋石（2008）指出，美国最近的金融危机是其去工业化导致的制造业比例的下降所引起的。对于此问题，也有学者指出，当前我国产业出现"离制造业"现象（樊纲，2003；谢富胜，2002）。但是，我国由于地区差异较大，在欠发达地区加快工业化的同时，发达地区表现出去工业化的态势（王秋石，2008）。

相对于工业化的研究，国内对世界经济的去工业化的研究非常少，比较多的文献研究国际产业转移和中国的产业承接策略等。然而，随着全球化深化，国际产业转移促进了中国经济的发展。20世纪后期以来，国际产业转移的速度明显加快。对于国际产业转移研究，经典文献包括哈佛大学商学院教授雷索德·弗农（1966）：产品生命周期论；日本经济学家赤松要（1960）提出了产业发展模式"雁行形态理论"；阿瑟·刘易斯提出的"劳动密集型产业转移"；日本小岛清教授1978年提出了"边际产业扩张论"等（王雪，2006）。国内文献比较集中在国际产业转移基本规律及发展趋势、中国如何承接发达国家的产业转移带来的机会等方面。如原小能（2004）指出20世纪90年代以后，国际经济环境发生了变化，国际产业转移也出现了一些新的特点和发展趋势：一是第三产业投资成为国际产业转移中的新热点；二是国际产业转移出现了跳跃性；三是生产外包成为国际产业转移的新兴主流方式；四是国际产业转移出现产业供给链整体搬迁趋势；五是国际产业转移由产业结构的梯度转移逐步演变为增值环节的梯度转移。张为付（2005）产业资本跨国转移的目的是在世界范围内整合利用其他国家的优势生产要素，其转移的载体是跨国公司，在国际产业分工更加深化的条件下，国际产业资本将向具有制造业比较优势的国家和地区集聚。

尽管还有不少研究对此做了大量分析，但是对去工业化的原因与影响仍然没有完全阐释清楚，已有的研究主要是针对发达经济，对于发展中国家的去工业化文献分析较少。显然，去工业化在发展中国家的原因与发达国家有较大差异（Ansari，1995）。

2.1.2 结构变化效应的实证分析

现实中，发达经济体的经济发展伴随着结构变化同步进行，直观上很难说，结构变化与经济发展之间的因果关系。人们也通常认为亚洲通过结构变化来促进生产力增长，但拉丁美洲和非洲却相反，甚至在亚洲，积极的结构变革也没有发生在任何地方。例如，印度、印度尼西亚等就出现了过早的去工业化现象，工人从高生产率的工作领域转移到其他低生产率的行业。那么，如何衡量结构变化对经济发展的影响效应呢？下面简要梳理相关的国内外文献。

对于结构变化效应实证文献重点分析经济结构变化对经济增长的影响。其中影响的测算方法是文献中一个重要方面，从现有文献来看，主要有两种测算方法：一种方法是采用钱纳里等（1989）发展的"多国模型"，主要是基于农业与非农业部门间的平均劳动生产率差异进行测度；例如王迎英和曹荣林（2010）基于 GDP 产业结构贡献统计的多部门经济模型分析了1952~2007 年江苏省产业结构对经济增长贡献的时间趋势特征；以截面数据为基础得出三大地区和 13 个地级市产业结构对经济增长贡献的空间地域差异。

另一种方法是转移—份额法，将结构变化对生产率增长贡献分为静态效应和动态效应。从现有文献看，转移—份额法及其修改版是实证中分析结构变化效应的最主要方法（Maudos 等，2008）。大部分实证结果支持结构变化会促进经济增长，比如，结构变化对 GDP 增长的作用能够解释 OECD中高收入国家总经济增长的 1/4（Dowrick 等，1991），成功的二元经济结构转换使"亚洲四小龙"实现了持续高速增长（Young，2003）。然而，有少数学者指出，1990 年以后，拉丁美洲和非洲的有些结构变化却成为增长的阻碍因素（McMillan 和 Rodrik，2011）。

最近有学者通过建立多国家多部门模型，加入开放经济因素来分析结构变化的影响。例如，Yi 和 Zhang（2011）建立一个 2 个国家、3 个部门（农业、制造业和服务业）的理论模型，发现与封闭经济相比，开放经济制造业下降更快，而服务业增长更快。Ungor（2013）认为，现有的主要讨论结构变化的文献局限在一个国家内，而忽略国家之间的相互影响。最近有些文献分析了开放与结构变化的不同方面。例如，Stefanski（2011）分析全球石油价格对结构变化的影响，发现中国和印度的结构变化能够解释 OECD国家 1970~2010 年石油价格上涨 26% 的原因。

结构变化的经济影响在全球化的背景下受到需求份额的约束。正如Felipe 和 Mehta（2016）所证明的那样，1970~2010 年，制造业在就业和产出中的全球份额一直非常稳定（分别为 14% 和 16%~17%），但是，在各国的份额发生了变化。在制造业中具有比较优势的国家可以获得更多的全球需求份额，因此，在这些经济体的结构变化的早期，全球化促使其经济结构转型，通过产业升级和技术创新，维持工业生产率持续增长，因此，整个经济从中受益。韩国、新加坡和中国台湾的早期快速发展属于能够以这种方式利用全球需求的例子。在全球化的世界经济中，世界制造业根据各自的比较优势，在各地进行重新配置。这种情况有好的一面，由于发达国家制造产品的机会成本上升，制造业的比较优势下降，因此，出现国际产业转移，发达经济将制造业生产转移到正在进行结构变化和工业化的发展中国家。对于转移出部分制造业的发达经济来说，没有比较优势的制造业被其他产业所替代，给新产业发展带来机遇和产业升级提供可能。当然，也为整个经济的生产率降低埋下隐患，出现所谓"去工业化"问题的弊病。

此外，对于承接转移的发展中国家来说，如果缺乏合适的配套基础设施，就不能充分利用制造业从发达国家转移出的生产潜能，反而会制约本国经济发展。然而，在产业转移和结构变化中最不好的一种结果是，全球化背景下由于国家缺乏比较优势，不仅无法扩大制造业生产以满足全球化的需求，还可能导致其成为工业品净进口国。也就是，这些国家无法利用通过工业化机会提高本国生产率。特别是，许多拥有丰富的自然资源的低收入国家，出口自然资源商品，进口工业品，从而，世界产业转移和本国的结构变化并没有给本国经济带来多少增长的机会。

对于中国产业结构变化效应，多数文献认为，中国经济存在"结构红利"（丁焕峰和宁颖斌，2011；封思贤，2011；杨凌等，2010；郑宁和咸春龙，2011）。一方面由于中国部门生产率差距较大，中国落后产业结构的迅速转型是中国经济高速增长的核心驱动力（Sachs，1994），另一方面，在中国产业结构调整过程中跨地区跨部门的劳动力流动是中国整体经济效率提高的重要源泉（石磊等，2006；杨凌等，2010；郑宁等，2011）。然而有文献指出，这种"结构红利"随着改革的推进在逐步减弱，例如，刘伟和张辉（2008）研究表明，改革开放以来，产业结构变化对中国经济增长的影响一度十分显著，但是，随着我国市场化程度的提高，产业结构变化对经济增长的推动作用正在不断减弱。付凌晖（2010）提出了一种新的产业结构高级化度量方法，并在此基础上对我国 1978~2008 年产业结构升级与经济增长的关系进行了实证分析，发现我国经济总量增长明显带动了产业结构升级，而产业结构高级化对经济增长的促进作用并不显著。而方福前和詹新宇（2011）基于时变参数模型的经验研究发现，虽然改革开放以来我国产业结构升级对经济波动平稳化趋势有显著的熨平效应，并且随着产业结构升级的不断推进，这种熨平作用亦趋明显，而且，三大产业对我国经济波动幅度的影响是非对称性。也有文献认为，产业结构变化甚至不会带来显著的"结构红利"（李小平等，2007；吕铁，2002）。

在结构变化与贸易结构方面，国内不少文献分析了两者的相关性。例如，陈虹（2010）基于中国1980~2008年贸易结构与产业结构的结构变动指标数据，运用协整与因果关系检验法，分析了外贸结构与产业结构的互动关系，得出进口结构变动是产业结构变动的Granger原因，产业结构是出口结构变动的Granger原因的单向因果关系。袁欣（2010）则指出一个国家的产业结构实际上是其生产要素禀赋及其利用方式的综合反映，产业结构与对外贸易结构之间是一个"原像"与"镜像"的关系，两者高度正相关。由于中国对外贸易结构的"镜像"并不反映产业结构的"原像"，从而阻碍了我国的产业结构升级。也有学者指出，FDI结构和规模影响着我国的经济结构变化（文东伟等，2009）。

在结构变化对就业影响方面，不少文献认为，产业结构转型有利于我国就业增长，产业结构升级对就业的促进作用（韩元军，2011）。由于产业结构变动是影响生产率的一个重要因素，通过提高生产率，产业结构变化实现增长效应（吕铁和周叔莲，1999）。

然而，张浩然和衣保中（2011），发现结构变化与就业之间并不是线性一致的，他们利用中国206个城市2003~2008年的数据，采用空间面板模型对我国产业结构变动与就业增长的关系进行了经验分析，发现产业结构的快速调整，特别是增量结构的快速调整对于城市就业有着显著的促进作用，而劳动力在各行业的重新配置所带来的结构性失业对城市就业产生了明显的负面影响；制造业、建筑业、交通运输等基础部门具有较高的就业吸纳能力，而农业、个人服务业和生产性服务业就业份额的提升对于我国城市就业的促进作用相当有限。

2.2 产业发展路径选择问题

关于产业发展路径问题，至少涉及以下几个方面：如何界定产业发展路径？是否存在最优的产业发展路径？如何选择一条合适的产业发展路径？这其中也包括了产业结构的转型和产业升级问题，例如，为什么要升级产业结构、目前产业升级的阻力是什么、如何升级，等等。下面对国内关于这些问题的主流文献做一个梳理。

2.2.1 产业结构升级

一般认为，我国产业升级的理由是理所当然的，现实中，我们的产业结构到底有什么问题？这方面有很多文献，例如，张其仔（2008）、盛朝迅（2012）、陈英（2007）、许南等（2012）、魏福成等（2013）、王泽填和姚洋（2009）、范剑勇和张涛（2003）等。通常，文献将我国结构存在的问题归纳为以下几个方面：①产业结构紊乱，导致产能过剩。②产业附加值低，处于国际价值链低端。③生产的负外部性大，如污染问题。④生产要素的成本扭曲。⑤生产结构与需求结构的不匹配。

其实，这些都是产业要升级转型的原因，虽然很重要，但不是最根本的原因，或者说只是一些表象。笔者认为，根本的原因是和如何界定产业升级转型有关。

如何认识产业升级概念？近年来，产业升级、产业结构调整、产业结构升级、产业价值链升级等词汇越来越多地成为人们关注的焦点，但对这些概念不加以清晰的界定，很容易产生研究范围的模糊和逻辑上的混乱。从国内来看，"产业升级"常与"产业结构升级""产业结构调整"等词汇通用。对"产业升级"概念的混用造成产业经济研究过多偏重宏观的产业结构研究，而对基于价值链的产业升级问题研究相对较少。

大体上，产业升级可以分为经济学和管理学意义上的产业升级。首先，经济学视角产业升级，从生产要素转移的视角来阐述产业升级，认为企业逐步向资本密集型和技术密集型企业的转移和发展带动了产业升级。基于经济学理论的产业升级微观驱动因子主要包括：企业的技术进步、技术创新、自身资源配置能力的提升等。如孔曙光和陈玉川（2008）指出，产业升级的微观机理表现在：一是科学技术促使生产设备、生产工艺的更新换代，成为产业升级的物质基础；二是科技进步明显提高劳动者的素质，从而促进新的经济形态的形成；三是科技进步促进产品的升级换代，产生出大批以新产品为主的产业。

管理学视角的产业升级，是从价值链的视角出发，从企业生产能力的变化以及相应竞争力的提高探讨产业升级。Gereffi和Tam（1998）将产业升级界定为企业从低利润或劳动密集型实体向高利润或资本与技术密集型实体发展的过程，以及这一过程中企业在贸易与产品网络中地位的改变。Gereffi 和 Tam（1999）从价值链的角度对产业升级的动因进行了剖析：产业升级的基础是通过企业附加价值的创造实现产业竞争力的提升。而实现企业附加价值的创造的途径包括通过技术创新提升产品独创性、创造自有品牌、专业化精细生产、从低成本向高附加价值转变等增值过程。还从产品层面、经济层面、产业层面、产业间四个层面总结了产业升级的表现形式。Humphrey 和 Sehmitz（2004）结合自己的研究提出了产业升级的不同方式：从流程、产品、功能、部门四个角度出发构建产业升级模型。Pipkin（2008）提出了企业产生显著升级的三个前提条件：一是良好的声誉；二是存在高增长的生产效率，并具有更长的经营历史或稳定性；三是更强的生产能力，专业化、个性的服务。朱卫平和陈林（2011）从动态的视角阐述了产业升级的内涵，认为产业结构高度化、加工程度高度化和价值链高度化是产业升级的三种表现模式，"产业升级"指的就是"周而复始、由低至高的产业素质、技术进步和产业结构提升的动态过程"。

用来宏观描述国民经济结构中高附加值、高技术产业替代低附加值、低技术的三次产业变动情况（吴崇伯，1988），实际是"产业结构高级化"问题研究的延伸。但从国际来看，"产业升级"（Industry Upgrading）一般指从全球价值链（Global Value Chains，GVC）的视角，产业由低技术水平、低附加值状态向高技术水平、高附加值状态演变的趋势，侧重的是微观视角的企业和行业内升级改造（田洪川）。

然而，实践中，尽管各国产业结构调整确实存在一些趋势和规律，但是，在理论上，学者对什么是最好的产业结构并没有达成一致的认识，也就是说，产业结构调整并没有一个共同的、明确的目标。不同的国家或地区产业机构的演化应该有自身路径，这种特有的路径和自身的资源禀赋相一致，发展中国家的政府在产业升级上选择具有潜在比较优势的产业。这是新结构主义学者所倡导的一种重要观点（林毅夫，2010）。而蔡昉等（2009）将产业结构升级看作是经济增长方式转变的具体表现，但是，这并不意味着现实中的结构升级一定是符合增长方式转变的趋势性或规律性要求的。

2.2.2　升级路径理论

一个国家的产业结构如何升级？实践中的产业结构的升级需要一些理论模型的指导。文献中对于我国产业结构升级的路径主要有以下几种理论。

2.2.2.1　比较优势理论

比较优势毫无疑问成为众多产业结构升级路径的重要理论。[①]　也就是，我国的产业结构升级应该选择有比较优势的产业进行转型升级，不能跨越比较优势去发展没有优势的产业（张其仔，2008；张燕和路文杰2010；肖兴志和李少林，2013）。

这方面最有代表性的是林毅夫和其合作者提出的比较优势战略理论。相对其他外生的产业结构升级理论，他们认为一个国家的产业结构升级和技术升级，都是经济发展的内生变量，产业结构变化是经济要素禀赋结构变化的结果（林毅夫和孙希芳，2003；徐朝阳和林毅夫，2009）。也就是说，产业结构的调整升级取决于要素禀赋结构变化，产业结构升级不能背离要素禀赋结构，否则产业结构调整就会制约经济发展。而且，发展中国家在制定产业政策时，不宜超越发展阶段过早进入某些行业（徐朝阳和林毅夫，2010）。根据比较优势战略理论，要素禀赋结构是一个经济中生产要素如自然资源（土地）、劳动力和资本存量的相对份额。他们认为，由于资源通常是给定的，而劳动力增长速度取决于人口增长率，差距不大，因而，要素禀赋结构的差异主要是资本的差异。人均资本存量的差异是造成产业结构产业差异，以及经济增长率差异的主要原因。所以，根据这种理论，产业结构升级无非就是提高资本的相对丰裕程度。

显然，产业结构升级的比较优势战略理论是和林毅夫先前提出的"自生能力"概念相一致的，两者构成他们研究欠发展经济的两个支柱理论。因为一个有自生能力的企业"通过正常的经营管理预期能够在自由、开放

---

①　按照李嘉图的论述，所谓比较优势就是不同国家生产同一种产品的机会成本差异，该差异的来源是各国生产产品时的劳动生产率差异。著名数学家 Stanislaw Ulam 曾经挑战保罗萨缪尔森，"在所有社会科学中找出一个既成立（True）又有意义（Non-trivial）的命题"。萨缪尔森的回答是"李嘉图的比较优势"。然而，李嘉图的比较优势理论在数学上无疑是正确的，但是在实证检验中往往不成立。这是经济学家接受最广泛的理论之一，但也是受到误解的理论之一。

和竞争的市场中赚取社会可接受的正常利润"（林毅夫，2002），所以，只有符合比较优势战略的产业结构才有市场竞争力，在这种产业结构中的企业才有"自生能力"，在自由竞争市场中才可以生存下来，相应地，这样的产业才能在全球化的竞争中立于不败之地。

既然实现产业结构升级关键是提升要素禀赋结构，那么，如何提高一个经济的要素禀赋结构呢？根据比较优势战略理论，国家发展战略在一定程度上决定着其要素禀赋结构改变速度，国家发展战略可分为遵循比较优势的战略（CAF）和违背比较优势的战略（CAD）（林毅夫和孙希芳，2003）。他们认为，一个国家只有遵循比较优势的发展战略，产业结构才能得到升级，经济发展才有持续性。因为产业发展符合自身的比较优势，生产将实现资源配置效率，生产成本会低，产品竞争力强，结果会有更多的资本积累，相应地，要素禀赋结构将会得到提高。

从实践来看，比较优势战略理论能很好解释成熟市场经济国家的产业结构升级过程，并且在一定程度上，发展中国家在一定时期的产业结构升级实践也符合该理论。然而，在全球化深化的时代，技术变迁很快，人们需求结构也变化很快，一个国家的比较优势往往容易发生变化，也难以界定。在这种情况下，如果一个国家选择的发展战略和自己的比较优势不一致时，那么，由这种发展战略引起的产业结构变化削弱了该国的竞争力。也就是说，当比较优势已经变化了，但是，发展战略却落后于变化的比较优势，那么，坚持比较优势将可能出现"路径依赖"现象，即一国若长期锁定在某些产业里，就会失去发展新产业的机会。

此外，有学者从其他方面对比较优势战略理论提出不同的观点。其实，比较优势有两种来源：技术和要素禀赋（Costinot，2009）。由于要素禀赋在实践中与技术和制度差异是共存的，因而它们经常具有相同原因。一方面，从动态看，如果多个国家同时采用相同战略，比较优势造成一个国家对价格竞争路径的过度依赖，出现贫困增长路径的过度依赖，从技术进步与自主品牌的建设中获得收益，所以，不能完全按照自由主义的比较优势理论来发展相关产业（黄兴年，2006）。另一方面，有学者认为，静态比较优势战略容易引起一国陷入被动性、引进依赖、创新不足等为特征的发展陷阱（张小蒂和李风华，2001）。廖国民和王永钦（2003）认为，简单地肯定比较优势或否定比较优势在发展中国家的作用都是不足取的。因为如果仅仅以外生的静态资源禀赋比较优势来作为发展中国家制定发展战略和产业政策的理论依据，则不利于发展中国家的发展。它不仅不能使发展中国家收敛于发达国家，而且只能使发展中国家的经济、技术结构永远处于产业链和技术链的下游。代谦和李唐（2009）在一个理论模型中也证明了比较优势不是产业发展唯一标准，他们在一个简单的两部门模型中分析了落后国家这种二元技术进步现象发现，"对于那些落后国家具有比较优势的产业，技术进步只能采取渐进式的发展道路；那些比较劣势的产业，反倒能够采取一步到位的技术进步"。

当然，也有学者提出应该用演化或动态视角来看待比较优势理论。如张其仔（2008）提出用比较优势演化理论来指导产业结构升级。他认为，比较优势的演化不一定是连续的，产业升级的进程也会发生分岔，因此，中国现阶段仍要实施产业间升级优先分岔战略，其重点仍在于产业间升级，通过产业间升级带动产业内升级，而且，一个同家产业升级的路径是由其产品间的技术距离所决定。代谦和别朝霞（2006）提出要用动态比较优势理论来解释产业结构升级。他们认为，资源禀赋的比较优势并不是一国的产业竞争力和企业自生能力的充分必要条件，且人力资本积累才是产业升级必要因素，"比较优势会随着时间的变化而动态演变，各国人力资本积累的消长是动态比较优势的决定因素；各国仍然需要依据自己的比较优势来进行产业选择，人力资本政策应该成为各国产业政策的一部分甚至是核心部分"。

同样，盛朝迅（2012）也认为，比较优势具有极强的动态化特征，比较优势是指由于要素积累和技术进步而引起比较优势因素和比较优势部门的动态变化，由此使比较优势部门升级或比较优势分工环节提升，实现分工地位的提高。

针对这些不同的观点，林毅夫等（2003）却认为，遵循比较优势战略理论的落后经济不会永远落后，因为坚持比较优势会产生经济剩余，提高人均资本水平，此外，技术创新水平也快于发达经济。

2.2.2.2 雁形理论

和产业结构升级相关的文献是产业转移理论。其中，雁形理论是最有名的。雁形理论（Flying Geese Paradigm）最早是 Akamatsu 于 1935 年提出的产业发展模式，描述一个发展中国家的产业发展如何从先进国家进口，然后本国生产逐渐满足国内需求，当进一步发展竞争提高从而实现出口。雁形理论经过不断完善发展，成为一个比较完整的产业区域转移理论（Akamatsu，

1962；Okita，1985；Vernon，1966；Kojima，2000）。描述一个经济如何通过动态比较优势变化经历"进口—进口替代—出口"的发展阶段，实现经济从落后到赶超的过程。按照早期的雁形理论，动态比较优势发生在国家之间，例如东亚经济发展模式为，日本为领头雁。

Akamatsu（1961，1962）后来认为，一国内产业遵循雁形的"产业阶梯"，即一个国家中三阶段周期发展模式从消费类产业，过渡到生产机器设备类产业，即随着时间变化，发展中国家的比较优势产业会发生变化，从而出现产业替代，产业升级。

后来，不少文献从横向与纵向角度拓展该产业发展模式，但与雁形模型没有本质上的区别。例如，Vernon（1966）的产品周期理论强调产品的出现、创新、成熟和落伍阶段，先进国家和根据产品阶段发展自己比较优势的产业，先进国家实现产业转移出失去比较优势的落后产业，而落后国家承接被淘汰产业。Kojima（1978）将雁形理论与产品周期理论结合，提出了两国之间的领导和追赶模型，Okita（1978）则进一步发展为多国之间连续的产业转移承接模型。

2.2.2.3 竞争优势理论

和产业结构相关的另一类文献是以波特为代表的竞争优势理论（高庆林，2009；洪银兴，2002）。波特的竞争优势理论包括企业、产业和国家的层面的竞争优势理论。根据波特的理论，竞争优势包括低层次和高层次的优势，低层次的竞争优势是一种"低成本竞争优势"，而高层次的竞争优势则是一种"产品差异型竞争优势"。一个国家或地区的产业升级就是转变竞争优势，从低层次的竞争优势转型高层次的竞争优势。如洪银兴认为，在经济全球化背景下，产业升级的目标应该定位在"一国产业是否拥有可与世界级竞争对手较劲的竞争优势"（洪银兴，2002）。

竞争优势理论强调创新产生竞争优势。为了创造高层次的竞争优势，企业唯一的选择是进行持续的投资和创新。不同于资源禀赋意义的比较优势概念：在特定产品和特定产业环节上的比较优势。这种比较优势不是先天的资源禀赋的，而是后天的，需要创造的。这就是波特所强调的创新。在经济全球化条件下，提升比较优势的便捷路径是引入国外技术、管理、品牌等先进生产要素，使之利用国内丰富的自然资源和劳动资源，实现由比较优势向竞争优势的转化。具有比较优势的劳动和资源与引进的国外先进生产要素结合便形成具有竞争力的比较优势。

　　然而，有作者认为竞争优势并不是和比较优势理论有本质区别。如林毅夫和李永军（2003）认为，将比较优势与竞争优势完全割裂、相互对立的观点基本上是错误的，竞争优势理论的追随者往往将竞争优势与比较优势看作两个相互对立的范畴，或者认为提出竞争优势理论的目的就是取代比较优势理论。

2.2.2.4　内生比较优势

　　当然，除了上述三种理论外，也有学者认为，一个国家产业升级应该基于其内生比较优势。杨小凯为代表的新兴古典经济学家是内生比较优势的主要倡导者。杨小凯（2002）把比较优势区分为内生比较优势和外生比较优势。在杨小凯等看来，外生比较优势则是以外生给定的技术和禀赋差异为基础的比较优势，即外生比较优势是由事前的差别引起的，可以由对生产方式和专业化水平的事后选择产生的。而且，内生比较优势的来源是一个国家的专业化分工导致人力资本与知识的积累。

　　其实，内生比较优势理论能归入比较优势理论的范畴。因为内生比较优势强调的是比较优势的内生性和动态性，旨在揭示比较优势变迁与内生技术进步之间的互动关系、考察连续时间内比较优势的内在决定因素及其演化机制。新兴古典经济学家认为，内生比较优势可以通过后天的专业化学习或通过技术创新与经验积累所获得。在国际贸易方面，一个国家内生比较优势有两种驱动力：一种是一国范围内的知识外溢或部门内的干中学会不断强化原有的比较优势；另一种是国际范围的知识外溢、部门间干中学率的差异或创新率的差异可能引致初始的比较优势发生转化（耿伟，2006）。

2.3　产业结构调整、转型与升级概念的异同

　　在分析国家或地方经济发展时，近年来媒体、政府文件和正式报告中大量出现经济或产业的"结构调整""结构升级""结构转型""结构变化"等术语。随着国内外经济情况变化，这些术语的含义不断变化和明确。本

书以最近 6 次党代会报告为例，来说明我国对经济结构调整的不同的认识和重视程度。

在中国共产党第十四、十五、十六、十七、十八、十九次全国人民代表大会上的报告中，"结构"分别出现 13 次、22 次、21 次、21 次、15 次、10 次。① 其实，这 6 次党代会报告所强调的经济结构的重点有所不同，反映出当时的经济情况和政策重点。

1992 年党的十四大报告提出要"优化经济结构，继续调整经济结构"，"改善调整和优化产业结构"，这里的结构更多强调的是所有制结构、出口商品结构、工业结构、农业内部结构等方面。

1997 年党的十五大报告除了继续要调整经济结构，促进经济产业、结构优化外，提出要"促进重大经济结构优化""形成合理的产业结构"。

2002 年党的十六大在报告中强调"推动经济结构战略性调整"，明确提出产业结构优化升级目标是"形成以高新技术产业为先导、基础产业和制造业为支撑、服务业全面发展的产业格局"，而且对地区经济结构提出建议，"中部地区要加大结构调整力度，东部地区要加快产业结构升级"，此外，提出要"优化进口结构""优化消费结构"。

2007 年党的十七大报告则提出要继续"大力推进经济结构战略性调整""产业结构优化升级"：①由"主要依靠第二产业带动向依靠第一、第二、第三产业协同带动转变"。②要发展现代产业体系，大力推进信息化与工业化融合。③提升高新技术产业，发展信息、生物、新材料、航空航天、海洋等产业。④发展现代服务业，提高服务业比重和水平。⑤强调产业发展要节约能源资源又保护生态环境。

2012 年党的十八大报告指出我国发展中不平衡、不协调、不可持续问题依然突出，科技创新能力不强，产业结构不合理，农业基础依然薄弱；推进经济结构战略性调整，作为加快转变经济发展方式的主攻方向，必须改善需求结构、优化产业结构、促进区域协调发展等。

2017 年党的十九大报告提出我国经济已由高速增长阶段转向高质量发展阶段，正处在转变发展方式、优化经济结构、转换增长动力的攻关期，要以供给侧结构性改革为主线，推动经济发展质量变革、效率变革、动力变革，提高全要素生产率，着力加快建设实体经济、科技创新、现代金融、

---

① 次数统计根据历次党代会报告全文计算。

人力资源协同发展的产业体系；要加快生态文明体制改革，形成节约资源和保护环境的空间格局、产业结构、生产方式、生活方式。

可见，从 1992~2017 年的报告来看，我国越来越重视"结构调整"，特别是"产业结构"优化升级。为了进一步明确我国的产业结构调整方向，首先应明确这些术语的具体含义。

在每个经济中，生产和消费不同的商品和服务。通常，一些商品和服务具有相同的属性，人们根据这些相同单位属性将经济分为不同的组成部分。在经济结构理论中，整体经济分为由这种具有相同属性的商品和服务所构成的不同部门（Sectors）。然而，由于划分标准不用，经济部门有多种定义。最常见的是经济部门组成为三个部门，即农业（第一产业）、工业（第二产业）和服务业（第三产业）。这三种部门的具体行业组成在不同国家也有不同的分类标准。三个部门的分类常用来解释工业化国家的经济发展的大致轨迹，即经济主体从农业发展到工业再到服务业。在一些研究经济结构变化文献中，会采用更为具体的部门分类方法，如美国商务部的"标准产业分类系统"将整个经济分为 9 类：农林渔业、采矿业、建筑业、制造业、运输和公用事业、批发业、零售业、金融保险房地产业和服务业。其实，经济部门的不同分类方法取决于经济的属性，所研究的问题。在我国，《国民经济行业分类》将经济分为三大类别，20 个门类，98 个大类（见附录）。因而，本书的定义是，部门是指商品和服务的理论分组，经济部门分类特性：部门间的商品和服务具有相同属性；部门间存在技术差异。

结构变化（Structure Change）虽然在经济文献中被广泛地使用，但是有不同的含义和解释。目前，使用最多的含义是指经济系统的部门构成出现长期和持续的变化。具体来说，结构变化就是以产量占总体经济中的份额测度的不同产业之间相对重要性的变化。

实践中，人们常常忽略产业升级与产业结构升级的区别，认为两者是等价的概念。其实，产业升级与产业结构升级还是有区别的。产业升级的定义很多，一般来说，通常人们认为，产业升级主要是指产业结构的改善和效率的提高。产业结构的改善一方面表现为各产业的协调发展，消除瓶颈，使整体经济效益提高。产业结构升级是指产业结构在经济系统中各种因素的作用下不断从生产效率低的结构形态向生产效率高的结构形态演变的过程或趋势，其本质是产业结构不断从低级形态向高级形态转变的过程或趋势，主要表现为以产业间的结构升级和产业内的结构升级两种形式交又进行。产业升级和产业结构升级的区别在于：首先是主体不同，产业升级的主体是单个产业，产业结构升级的主体是产业结构。其次是内涵不同，产业升级的内涵是指单个产业形成、发展和衰退的过程。两者联系之处：产业结构升级的内涵是产业的演变过程，一方面是产业随着自身生命周期阶段的演变，不断地走向成熟和新生；另一方面是产业通过对自身的整体淘汰实现升级换代。而产业结构升级是指产业结构中的各产业的地位、关系向更高级、更协调的方向转变过程。单个产业在产业结构中的地位变化，是由其自身的发展状况而决定的。当多个产业自身的发展改变了各自在产业结构中的地位，也就改变了各产业之间的关系，这时产业结构就走向更高一层，产业结构就实现了升级。

经典发展经济学理论认为，产业结构升级反映了经济中产业比例按照某种趋势性变化，通常为第一产业比例逐年下降，第二产业比例先上升后下降，而第三产业比重不断增加的趋势。这种定义，是西方发达经济体经历过的一般发展阶段，但是，将产业升级界定为三次产业比重的这种一般性规律的变动，显然过于简化和粗糙，不利于我国的产业升级的机制和转型。其实，产业转型升级是和一个国家禀赋和比较优势相关的，产业升级不能脱离本国的实际，去套用国际通用的产业升级的特征事实。

和产业结构升级相关的一个概念是产业结构调整。产业结构调整是实现产业结构优化升级的主要手段。产业结构调整包括产业结构合理化和高级化两个方面。产业结构合理化是指各产业之间相互协调，有较强的产业结构转换能力和良好的适应性，能适应市场需求变化，并带来最佳效益的产业结构，具体表现为产业之间的数量比例关系、经济技术联系和相互作用关系趋向协调平衡的过程。产业结构高级化是指产业结构系统从较低级形式向较高级形式的转化过程，一般遵循产业结构演变规律，由低级向高级演进。"产业结构调整"一词起源和脱胎于计划经济，带有传统体制的痕迹，含有"借助外部力量硬性介入、强制推动"的主观意味，更适合政府主导的经济体制。在成熟市场经济体制中，几乎没有中国意义上的"产业政策"，经济结构的变动主要是市场内生性机制自我演化的过程，其动力来自于市场主体、各种当事人自下而上的内在博弈，而不是依靠外界推力。通常，"产业结构调整"的含义丰富，包括调整和优化经济各个方面的结构，如所有制结构、产业之间结构、产业内部结构、地区结构、进出口结构、消费结构、收入分配结构、就业结构等。而提及"产业结构"优化和升级时，为产业结构调整的一部分，具体指三大产业之间的比例调整，以及产业内部各种细分的产业选择。

"转型"（Transformation or Transition）作为一个基本经济学概念，是经济社会制度发生的一系列重大变化，使经济由一种运行状态转向另一种运行状态。如我国历史上戊戌变法、改革开放等为转型。转型有多种分类，其中有一种分类为：体制转型和结构转型。体制转型为经济制度重大转变，如从1949年以来，中国经济体制从早期半统制经济转变为计划经济，以及由计划经济转变为社会主义市场经济的两次大的转型。结构转型是指经济增长和发展方式的转变，包括产业结构调整、产品结构调整和区域布局结构调整等。有学者将结构转型限定为产业结构变化，将结构转型定义为劳动力从农村转向工业领域。

升级可以从多个微观、中观和宏观的层次来界定。"产业升级"是产业整体发展水平提高、产业结构高级化和产业价值链效率化的过程。产业升级包含三个层次：第一层次，产业整体发展水平的提高是指产业规模的扩大和产值数额的增加，主要表现为产业总产值的增加；第二层次，产业结构的高级化是指产业结构由低级部门向高级部门的过渡；第三层次，产业素质的效率化是指依托技术要素禀赋，产业价值创造能力显著提升，在全球价值链中由低端环节向高端环节延伸转移，并带来劳动生产率、人均资本存量以及全要素生产率的增加。

笔者认为，①产业升级转型是经济增长的动力源泉转型过程，是避免生产的边际生产力报酬递减规律的负面影响。产业升级一方面意味着物质资本和（或）人力资本在生产中的份额提高，另一方面也意味着生产率和技术水平会相应地上升，从而人均收入得以提高，因此产业升级和转型是一国摆脱贫穷和实现持续增长的关键。②转变经济增长方式的内涵之一，就是把目前存在的区域增长格局转到更加符合地区资源禀赋从而比较优势的轨道上面。

2.4　简要评述

尽管结构变化实证文献较多，但是对结构变化的决定因素，以及对不同结构变化的类型分析较少。在结构变化的研究的文献中，有以下特点：①理论方面，现有文献对结构变化的分析往往过度强调一方面，对转变效应的地区差异化机理的认识不足，且缺乏一致框架，以至于有学者认为发展经济学应该重构结构经济学（林毅夫，2010）。此外，对产业结构转型的推动因素和成功转型的决定因素的分析文献非常少。经济结构文献很多，但是对于经济结构变化与去工业化关系的文献不多。②实证分析方面，对于结构变化可能出现负效应讨论不多，而且，较少使用更为细致的行业数据，此外，常见的两种估计模型方法由于考虑不够全面往往会导致结果偏误。③对我国的研究则较少考虑我国地区之间由于初始资源禀赋差异，其结构变化的路径可能存在的特殊性，特别是，对落后地区在全国经济结构变化中可能陷入的"低端产业陷阱"的研究很少；较少文献从地区经济产业结构升级与全国产业结构合理布局的关系，以及地区间产业结构调整的相互影响来分析各地区结构变化的效应。

3

工业化进程中的结构变化

去工业化是经济发展过程中出现的一种典型事实，表现为制造业在经济结构的比重发展变化。这种现象最早发生在发达经济体中，然后新兴经济体甚至发展中国家和地区的经济中也出现了去工业化的情况。作为一种经济发展趋势，学者从 20 世纪 30 年代就开始关注这种结构变化。最近 30 年里，西方发达国家的政府和学者高度关注着去工业化问题，一方面是由于发达国家的失业率居高不下，特别是制造业的就业机会不断流失；另一方面是人们讨论着这种结构变化是否会影响长期经济增长，并试图寻找其发生的原因。

但是到最近 30 多年，世界大多数发达经济体的经济结构出现了重大变化，制造业在整个世界的 GDP 比重下降。同时，西方发达国家中制造业的就业在整个经济就业比例迅速下降。这种趋势最早出现在美国 20 世纪 60 年代，随后在欧洲和日本以及"亚洲四小龙"经济中逐渐呈现。截至目前，几乎所有的发达经济体都不同程度地表现出这种现象。对于这种趋势出现的原因和影响，专家学者争论不休（Rowthorn 和 Ramaswamy，1997）。本章从理论上探讨工业化和去工业化如何影响经济发展，为分析我国的产业发展路径提供理论背景。

3.1 工业化和产业发展

去工业化（de-Industrialization）是作为工业化（Industrialization）的一个对立面出现的，有时又称为非工业化。要理解去工业化必须先理解工业和工业化概念。

3.1.1 工业和工业化

经济学上，通常把生产经济物品或服务的产业（Industry）分门别类。一般而言，产业可分为三类或四类，也有分为五类的。按三次产业分类，第一产业（Primary）是指一切直接从地球开采资源而不进行加工的行业；第二产业（Secondary）是指所有进行加工的行业，主要为制造业；第三产业（Tertiary）是指一切提供服务的行业。也有学者从第三产业中分出第四产业（Quaternary），甚至第五产业（Quinary）。第四产业是指主要从事科学和技术研究创新的行业，而第五产业，是指提供非谋利为目的的公共产业，如政府公共服务、福利事业等。本书按照常见三次产业分类来分析产业发展。

我国的官方产业划分是采用三次产业分类法即"克拉克"大分类。按照《国民经济行业分类》（GB/T 4754—2002）规定，我国的产业的三次产业分类（详细情况见附录）为：第一产业是指农、林、牧、渔业。第二产业是指采矿业，制造业，电力、燃气及水的生产和供应业，建筑业。第三产业是指除第一、第二产业以外的其他行业。与一般的三次产业分类有点不同的是，我国的产业分类将通常属于第一产业的采矿业和制盐业归入第二产业。

一般意义上，工业等价于第二产业。随着社会分工发展的演化，工业先后经过手工业、机器大工业、现代工业几个发展阶段。现代工业常指制造业，区别于农业和商业等。

我们知道，早期工业化（Industrialization）和去工业化（de‑Industrialization）相对应的概念，要正确理解去工业化首先要知道工业化的内涵。通常认为，去工业化无非是工业化的逆过程。在文献中，工业化有多种解释，通常用狭义和广义之分。狭义工业化是指工业（制造业）比例的上升的过程。如《新帕尔格雷夫经济学大辞典》将工业化定义为，制造业和第二产业在国民经济中比重及其就业比重不断上升的过程。而钱纳里（1989）强调制造业在经济发展中的重要性，将制造业部门的产值份额的增加过程称为工业化。按照狭义的定义，工业化其实为经济结构的一种特定的变化过程，即经济从农业转向工业再到服务业的过程，农业比重和就业份额下降，制作和服务业的份额上升。

广义的工业化拓展了工业化的内涵。有代表性的是张培刚提出的定义，早期他将工业化定义为"一系列基要（Strategical）生产函数连续发生变化的过程"（张培刚，1984）[①]，后来定义为"国民经济中一系列基要的生产函数（或生产要素组合的方式）连续发生由低级到高级的突破性变化（或变革）的过程"（张培刚，1991）[②]。可见，广义的定义与一般只强调工业自身现代化的工业化定义不同，工业化不仅包括工业部门的发展，也包括"工业化了的农业"的发展，而且工业化是具有突破性的动态的产业升级过程。

有学者根据不同产业部分的比例变化情况区分工业化阶段和后工业化阶段。一个国家达到工业化阶段，又叫实现了工业化，是指工业化过程中，工业部门特别是制造业比例的产值比重和就业份额的持续上升，而农业的比重和就业份额的持续下降，服务业比重大体保持不变，工业部门成为经济的优势部门。而当实现了工业化后工业部门可能出现比重的下降，服务业相对比重持续增加，农业部门相对规模变得更小，则称经济进入后工业化阶段（又叫开发阶段）（谭崇台，2003）[③]。

从上述工业化和去工业化的定义来看，尽管狭义和广义的定义有差异，但一般都认同，工业化是个长期的、经济结构的变化过程，工业部门在经济发展中占据越来越重要的地位，而去工业化则表现为工业部门（制造业）在整个经济中的比例下降。

从经济发展的历史来看，工业化是人类经济发展的一个重要转折点，是产业结构的一次重大变革。在工业革命前，人类经济以第一级产业为主。但是到了18世纪中叶，一系列如技术革命蒸汽机、煤、铁和钢的出现引起了生产方式从手工劳动向动力机器生产转变，工业生产突飞猛进。18世纪末19世纪初，工业革命最早起源于英格兰中部地区。随后自英格兰扩散到整个欧洲大陆，19世纪传播到北美地区。一般认为，工业革命的出现，除了农业革命与人口增加，自然资源的有效利用，贸易限制的减少和殖民地市场等因素外，资金的积聚及新机器的发明是引发工业革命的其中两个主要原因。

工业革命之后，第二产业大量出现，各种制造业利用机器生产，取代以往家庭手工业式生产，生产力大大提高。第二产业占的经济份额日渐加

---

① 张培刚. 农业与工业化 [M]. 武汉：华中工学院出版社，1984.
② 张培刚. 农业国工业化问题初探 [M]. 武汉：华中工学院出版社，1985.
③ 谭崇台. 发展经济学 [M]. 台北：五南出版社，2003.

重，取代第一产业的主导，也带领人类的生活水平迅速提升。工业成为了国家生产和就业的主要部门。在欧洲，工业发展打破了过去重商主义和封建制度主导的经济结构。许多科技上的突破和进展，例如煤和钢的生产，也促进了新产业的出现与发展。许多工业国家开始实施资本主义经济政策。资本家以铁路和轮船连接以往难以到达的世界市场，公司有能力扩充到昔日闻所未闻的规模并赚取数之不尽的财富。

工业化通常被定义为工业（特别是制造业）在国民生产总值中比重不断增加，以及工业就业人数在总就业人数中比重不断上升的过程。根据《新帕尔格雷夫经济学大辞典》的解释，工业化首先是国民经济中制造业所占比例提高，其次是制造业就业人口在总就业人口中比例提高，另外还包括人均收入增加，新的生产方法、新产品不断出现，城市化水平提高，等等。工业化有狭义和广义之分。狭义的工业化是指制造业和第二产业在国民经济中比重及其就业比重不断上升的过程。而广义的工业化拓宽了其含义，如张培刚（1984）提出的定义，一系列基本生产函数连续发生变化的过程，不仅包括制造工业部门的发展，也包括农业发展，既包括工业现代化，又包括农业的现代化。

3.1.2 工业化的经济影响

人类经济增长其实只是在工业革命之后才出现。如果以 1800 年作为工业革命发生的起点的话，在 1800 年以前各国经济的人均 GDP 几乎没有增长，处于所谓"马尔萨斯增长陷阱"，但是，工业革命发生后，世界多数国家经济开始增长（见图 3-1）。根据 Angus Maddison（2010）的数据[①]，以 1990 年美元为基准，1500 年主要国家人均 GDP 数值为：美国 400 美元、日本 500 美元、中国 600 美元、德国 688 美元、英国 714 美元、意大利 1100 美元。1830 年，人均 GDP 德国增长近 1 倍，上升到 1328 美元；英国增长近 1.5 倍，达到 1750 美元；美国增长更快，增长近 2.5 倍，达到 1376 美元。2008 年，美国人均 GDP 达到 31177 美元，是 1820 年的 25 倍，而工业革命前近 3 个世纪，人均 GDP 几乎没有增长。

1850 年，中国、日本和印度三国的人均 GDP 大约都为美国同期的 1/3

---

① Historical Statistics of the World Economy：1-2008 AD，http：//www.ggdc.net/Maddison/.

（1990年美元）

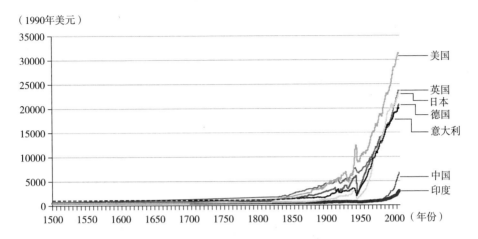

图 3-1　1500~2008 年几个国家的人均 GDP

资料来源：Historical Statistics of the World Economy：1-2008 AD, Angus Maddison, 2010.

左右。由于工业化发生的时间不同，经济增长程度也差异很大（见图 3-2）。二战后，日本工业化不断深化，其经济增长很快，与美国的差距越来越小。而受工业革命影响较小的中国和印度很长的一段历史时期经济几乎没有增长，其中由于战争原因，出现了负增长情况。中国直到 1949 年人均 GDP 仍为 600 美元左右，但是新中国成立后，我国经济开始出现增长，特别是 1978 年实行改革开放政策后，我国的工业从无到有，从弱到强，工业化不断加强，经济出现快速增长。1950 年，中国的人均 GDP 约是美国的 1/21，到 2008 年约为 1/5，达到 6725 美元。而印度其经济工业化程度一直不高，到 2008 年，其人均 GDP 为 2975 美元，仅为美国当年人均 GDP 的 1/10 左右。

为了反映一个经济体所处的工业化阶段，学者常用一些指标来衡量工业化的程度。常见的指标有：①人均国内生产总值。工业化初期人均 GDP 一般为 280~560 美元，中期为 560~1120 美元，后期为 2100~3300 美元。②制造业增加值占总商品生产增加值的比重。国际上的划分标准认为这一指标低于 20% 为非工业国，20%~40% 为正在工业化的国家，40%~60% 为半工业化国家，60% 以上为工业国。③就业结构。农业劳动力占全社会劳动力的比重，工业化初期为 80% 以上，中期为 50%~80%，后期为 25% 以下。④城市化水平。一般认为工业化国家的城市化水平应在 60% 以上。

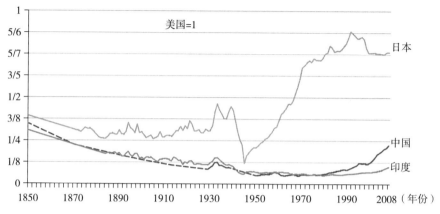

图 3-2   中国、日本、印度三国人均 GDP 占美国同期值之比

资料来源：同图 3-1。

可以说，工业化是人类社会从农业社会向工业社会的转变最重要的驱动力。因为随着大量的技术创新、大规模能源和冶金生产，工业化推动整个国民经济的技术改造，制造业开始发展壮大，制造业在整个经济中的重要性不断增大，成为经济增长的引擎。工业化也使生产日益社会化，工人阶级队伍不断扩大，城市迅速发展，消费品市场不断扩张。所以，在一定程度上，经济社会的现代化就是工业化。

3.2   经济结构变化的特征事实

经济的工业和结构变化相伴而生。产业结构有狭义和广义之分。狭义上，按一定的分类原则将具有替代性或共同特点的生产活动归为某类"产业"，不同产业之间的关系就是"产业结构"。广义上，产业结构从多维视角按一定分类原则将经济部门进行细分，例如，从技术特征上对生产活动进行分类，划分为"传统产业""高技术产业""新兴产业"；从生产要素特征上进行分类，划分为"劳动密集型产业""资本密集型产业""技术密集型产业""资源密集型产业"等。其实，对产业结构的分类没有绝对方法，任何分类都是相对的，而且不同发展阶段的产业结构有不同的关注重点，实践中，"切不可以将追求某种统计数字，如硬性要求某种产业达到一定的数量比重，作为产业发展和产业结构调整的绝对政策目标"（金碚，2013）。

结构变化是一种非常复杂的现象，因为一方面经济增长会引起经济的各方面的同步变化，例如产出和就业的部分构成和产业组织；另一方面这些变化反过来会影响增长过程。对于产出变化的研究，早期文献多为描述性的，重点关注的产业结构的一些特征事实，如 Kuznets（1966）、Chenery 和 Syrquin（1975），试图分析发展过程的全面概述，强调结构变化的多维特征。然而，近年来的文献多维分析性，通过建立正式模型分析结构变化的一些特殊方面，特别是，分析经济增长与结构变化的双边因果关系（Matsuyama，1992）。

分析结构变化必须回答两个著名事实："卡尔多事实"（Kaldor，1957，1961）和"库兹涅茨事实"（Kuznets，1976）。典型化事实就是一种能够反映经济运行的真实和基本特征的具有代表性的关键性事实。

3.2.1 卡尔多特征事实

卡尔多（Nicholas Kaldor）在 1957 年发表的有影响力的论文中总结了长期经济增长的以下六个统计特性：

（1）在很长一段时间内，劳动力和资本获得的国民收入份额大致保持不变。

（2）在很长一段时间内，每个工人的资本存量增长率大致保持不变。

（3）在很长一段时间内，每个工人的产出增长率大致保持不变。

（4）在很长一段时间内，资本/产出比率大致保持不变。

（5）在很长一段时间内，投资回报率大致保持不变。

（6）各国劳动生产率和总产出的增长率有明显的差异（2%～5%）。

卡尔多（Kaldor）认为变量中的任何一个在任何时候都是恒定的。相反，增长率和收入份额在整个经济周期中波动很大。但是，他认为，在长时间内，这些变量的平均值将趋于不变。这些特征最初来自美国和英国的数据，但后来被发现也适用于许多其他国家，因此被称为"特征事实"。

3.2.2　库兹涅茨特征事实

常见的"库兹涅茨特征事实"是指：

(1) 经济发展过程中农业就业份额下降。

(2) 经济发展中制造业就业份额不变。

(3) 经济发展中服务业就业份额上升。

另一个版本的"库兹涅茨事实"又称"福拉斯蒂埃事实"（Fourastié，1969），即农业就业份额下降，服务业就业比例上升，但制造业就业比例呈现"驼峰型"（Hump-shaped），即经济发展初期比例上升（工业化阶段），经济发展后期下降（后工业化阶段）。

从上面两种特征事实来看，经济的"库兹涅茨事实"中才存在去工业化问题，而"卡尔多事实"中不存在去工业化问题。其实，这反映了经济增长理论和结构主义经济发展理论对产业结构变化认识差异。增长理论往往忽略结构变化的影响，认为经济增长的关键在技术进步和资本积累，稳态下就业结构基本保持不变。但是，结构主义理论则强调产业间就业转移带来的效率的改变，对经济增长产生影响。所以说，"卡尔多事实"是一种成熟经济体的收敛状态，而"库兹涅茨事实"才是大部分经济体发展的常态，去工业化是其经济发展到一定程度后的必然阶段。

琼斯（Charles I. Jones）和罗默（Paul M. Romer）在 2010 年的论文《新卡尔多事实——创意、制度、人口和人力资本》中提出"6 个新卡尔多事实"强调经济增长中创意、制度、人口和人力资本的重要性：①市场范围的扩大，全球化和城市化促进了货物、创意、资金和人员的流动，进而扩大了所有劳工和消费者的市场范围加速增长；②几千年来，人口和人均 GDP 的增长在加速，从几乎为零增加到 20 世纪观察到的较快增长；③现代增长速度的差异、人均 GDP 增长速度的差异随着与前沿科技水平的差距增加而增大；④较大的收入和全要素生差率（TFP）差异，投入的不同只能解释人均 GDP 跨国差异中的不到一半；⑤工人人均人力资本增加。世界各地的人均人力资本大幅度增加；⑥相对工资的长期稳定，人力资本相对于非熟练工人而言不断增加，但这种量的增加并没有造成其相对价格的不断下降。

3.3　结构变化对生产率的影响

3.3.1　测度方法

为了分析劳动力在不同行业之间转换，对劳动生产率的影响，研究者通常使用转移—份额分解方法（Shift-share Decomposition），将经济的总体生产率分解为行业内部效应和行业之间重新配置效应。行业内部效应测度的是各个行业内部的生产率增长的变化，而行业间效应则是测度劳动力在行业间重新配置带来的生产率变化效应。该方法在国内有关结构效应的文献广泛使用（刘伟和张辉，2008；杨天宇和刘韵婷，2011；李小平和卢现祥，2007；孙晓华和王昀，2013；何德旭和姚战琪，2008）。根据选择不同的开始和结束时期，转移—份额法有多种方式，而且每种方式都有不同的测度含义和结构变化的解释。下面介绍文献中四种不同的分解方法测度结构变化对生产率的影响（de Vriesa 等，2013；Święcki，2013；de Vries 等，2012；Hartwig，2012；Peneder，2003）。

（1）使用基期就业份额和最后期的生产率水平做权重。一个经济体的劳动生产率增长有两种实现方式：一是经济部门（行业）内部通过资本积累、技术变革或减少要素的错配，从而促进部门生产率增长。二是劳动力实现跨部门流动，从生产率低的部门转移到生产率高的部门，从而提高经济中的整体劳动生产率。McMillan 和 Rodrik（2011）使用这种思路对总体生产率分解，分析结构变化对生产率增长的贡献。

$$\Delta P = \underbrace{\sum_i (P_i^T - P_i^0) S_i^0}_{\text{行业内部效应}} + \underbrace{\sum_i (S_i^T - S_i^0) P_i^T}_{\text{结构变化效应}} \qquad (3-1)$$

其中，ΔP 为一国总体生产率的变化，P_i 为行业 i 的劳动生产率水平，0 和 T 分别表示期初和期末，S_i 为经济中行业 i 就业所占的份额。右边第一项是各部门生产率增长的加权和，其权重是每个部门在时间段开始时的就业份额，被称为行业内部效应。第二项反映了不同部门之间劳动力再分配对生产率的影响，等于各行业的期末生产率水平乘以该行业就业份额变化的积。第二项也称为结构变化效应。如果劳动力从低效率行业转移到高效率行业，则结构变化效应为正，结构性变化将促进整个经济的生产率增长；相反，结构变化效应为负。但是该方法有个缺点，就是将一部分本来属于结构转变效应的生产率增长归于行业内部效应。

（2）使用期末就业份额和基期的生产率水平做权重。该方法和第一种方法的区别在于，选择的权重变量不一样，行业内部效应中选择期末的就业份额作为权重值，而结构变化效应中选择了期初生产率作为权重值。当然，方法二可能会高估来自结构变化效应对生产率的贡献。

$$\Delta P = \underbrace{\sum_i (P_i^T - P_i^0) S_i^T}_{\text{行业内部效应}} + \underbrace{\sum_i (S_i^T - S_i^0) P_i^0}_{\text{结构变化效应}} \qquad (3\text{-}2)$$

（3）使用就业份额和生产率的平均值做权重。为了避免前两种方法的不足，我们可以使用就业份额和生产率的平均值作为权重。

$$\Delta P = \underbrace{\sum_i (P_i^T - P_i^0) \overline{S_i}}_{\text{行业内部效应}} + \underbrace{\sum_i (S_i^T - S_i^0) \overline{P_i}}_{\text{结构变化效应}} \qquad (3\text{-}3)$$

其中，$\overline{S_i}$ 为行业 i 的就业占整个经济中就业份额（比例），$\overline{P_i}$ 为行业 i 的平均劳动生产率。当然，平均值方法难于生产率影响因素的动态变化。

（4）使用基期变量做权重并考虑动态效率。前三种方法，由于测度就业在行业之间转移效应使用的是行业之间的生产率的水平差距，而不是其生产率的增长率差距，所以，这三种方法通常称为静态结构变化效应的测度。由于行业间的生产率水平和增长率可能存在负相关，使用基期的就业份额和生产率水平的数据，增加一项反映动态结构变化效应。

$$\Delta P = \underbrace{\sum_i (P_i^T - P_i^0) S_i^0}_{\text{行业内部效应}} + \underbrace{\sum_i (S_i^T - S_i^0) P_i^0}_{\text{静态结构变化效应}} + \underbrace{\sum_i (P_i^T - P_i^0)(S_i^T - S_i^0)}_{\text{动态结构变化效应}}$$

$$(3\text{-}4)$$

其中，右边第一项和方法一右边的第一项相同，称为行业内部效应。第二项为静态结构变化效应，反映工人是否转移到高于平均水平的生产率行业，如果期初具有较高劳动生产率水平的行业增加就业份额，则静态结构变化效应为正，这种情况常被称为结构红利假说。第三项为反映就业份额和行业间生产率共同对总体生产率的影响，如果就业份额和生产率同时增加（或减少），生产率高（低）的行业吸纳了更多（少）的就业人数，则该项为正；如果生产率增长的行业就业份额减少，或者生产率增加较低的行业就业份额增加，则该项为负。可见，右边第三项克服了方法一、方法二选择不同时期值作为权重和方法三采用平均值作为权重可能的偏误，因而衡量的结构变化效应更为全面。但是，如果动态结构变化效应很小，或者只想区分行业内部生产率增长和结构变化对生产率增长的影响时，选择前三种方法也是可以的。

3.3.2 数据与实证结果

3.3.2.1 数据和变量说明

数据来自"Groningen 增长与发展中心"的一个行业生产率国别数据集 GGDC 10（2007 版），[①] 该版本比最新 2015 年版数据集时间更短，时间跨度为 1990~2005 年，但是，包括的发达经济体的数据更为全面。

该数据中总共 38 个国家和地区（包括中国香港和中国台湾，以下略写），其中，高收入国家 9 个，亚洲 11 个，非洲 9 个，拉丁美洲 9 个。其中，中国数据来自 McMillan 等（2011）。该数据共包括 10 个行业，具体为农业、采矿业、制造业、公共事业、建筑业、零售批发业、交通运输业、金融与商业服务业、其他服务业、政府服务业。变量包括各行业从业人数（千人）、以当年本国货币计算行业增加值（百万）、以 2000 年购买力平价计算的各行业增加值（百万美元）、以 2000 年购买力平价计算的各行业劳动生产率数据。另外，我们从世界银行下载了样本国家（地区）在不同年份的产出增长率数据。

3.3.2.2 描述性统计

该数据为面板数据，表 3-1 列出了 38 个国家（地区）的主要变量的描述性统计值。可以发现，1990~2005 年，除了政府服务的就业和增加值有所缺失外，其他变量的数量相同。在下面的计算中，我们将其他服务也和政

---

① https://www.rug.nl/ggdc/productivity/10-sector/other-releases/。Marcel P. Timmer and Gaaitzen J. de Vries（2007），A Cross-Country Database For Sectoral Employment And Productivity In Asia And Latin America, 1950-2005, GGDC Research memorandum GD-98, Groningen Growth and Development Centre, August 2007.

府服务业合并在一起,视为一个行业部门。在部门就业人数的变量中,农业就业人数最多,标准差也最大,说明样本国家(地区)中的农业就业人数相差最大,而公共事业就业数最小,以标准差衡量差异也最小。在部门增加值的变量中,制造业的增加值最大,标准差也最大,同样,公用事业的增加值最小。从这个简单的数据描述统计,我们注意到,一个国家的产业结构变化,会使其产业的增加值和就业并不同步变化。

表 3-1 主要变量的描述性统计

变量	样本数	均值	标准差	最小	最大
农业就业数	608	20.6	68.8	0.0	392.3
采矿业就业数	608	0.4	1.4	0.0	10.3
制造业就业数	608	6.6	17.2	0.1	110.3
公共事业就业数	608	0.2	0.6	0.0	4.5
建筑业就业数	608	2.5	6.5	0.0	51.7
零售批发业就业数	608	5.9	10.3	0.1	64.9
交通运输业就业数	608	1.8	4.0	0.0	27.2
金融与商业服务业就业数	608	1.9	4.0	0.0	26.8
其他服务业就业数	608	4.6	7.5	0.1	38.6
政府服务业就业数	224	11.0	23.1	0.3	114.4
农业增加值	608	57889.0	134821.3	118.6	899513.0
采矿业增加值	608	17310.3	36962.6	12.5	413978.1
制造业增加值	608	162553.0	330480.4	621.7	2411994.0
公共事业增加值	608	18901.8	40362.5	63.7	272604.4
建筑业增加值	608	41303.9	74295.0	101.0	406578.3
零售批发业增加值	608	111921.5	236889.0	834.2	1809910.8
交通运输业增加值	608	53940.8	100768.1	231.8	708567.3
金融与商业服务业增加值	608	132508.8	404622.5	312.4	3207106.5
其他服务业增加值	608	64593.8	125724.8	105.2	814373.4
政府服务业增加值	376	144034.2	339462.1	360.6	1901953.4

为了分析不同结构变化对生产率的影响,我们首先观察三大产业的行业占比与经济增长率之间的简单关系。为此,我们计算出各国(地区)的

平均经济增长率，并将 10 个部门合并为三大产业，分别计算出其产出占比和就业占比。

表 3-2 列出了 38 个样本国家（地区）经济增长率和行业占比的数据。可以发现，这 38 个国家（地区）样本，1990~2005 年，平均经济增长率为 3.88%，样本期间，国家之间的经济增长率差异较大，最高（中国）达到年增长 9.8%，而最低（日本）仅为 1.43%。在地区的经济增长率方面，亚洲国家最高（5.65%），高收入国家最低（2.31%），非洲和拉丁美洲国家为 3.59%（见表 3-3）。

在传统的三大产业增加值占整个行业增加值的比例方面，农业增加值占比平均为 12.59%，工业增加值占比为 32.21%，服务业增加值占比为 50.56%。比较表 3-2 第 2 列和第 3 列可以发现，经济增长率大于平均增长率的国家（黑色加粗）往往是农业和工业增加值占比较大（超出平均值，黑色加粗），而服务业增加值占比相对较小。而经济增长率低于平均值的国家，其服务业的占比往往较高（超出平均值，黑色加粗）。也就是说，经济增长率较快的国家（地区）往往工业产出和就业占比较高，服务业占比较低。表 3-3 也为这个粗略的结论提供了一些证据。亚洲国家的经济增长率最高，其工业的产出占比最高，而高收入国家经济增长率最低，其服务业产出与就业占比最高。也就是说，高收入国家的工业占比较低与去工业化有关，而非洲和拉丁美洲一些国家在未完成工业化过程之前，其工业的占比就开始降低，这与其过早的去工业化有关。我们进一步分析这种简单的相关关系，为我们理解结构变化的经济影响提供一种直观判断，但是，要分析其背后的因果关系则需要进一步探讨。我们在后面的章节将正式讨论去工业化问题及其影响。

表 3-2 1990~2005 年 38 个国家（地区）产出与行业占比

国家（地区）	经济增长率（%）	农业占比（%）		工业占比（%）		服务业占比（%）	
		产出	就业	产出	就业	产出	就业
中国	9.82	18.80	52.40	42.84	26.53	38.37	26.43
新加坡	6.64	0.15	0.39	33.60	41.92	66.25	66.75
马来西亚	6.57	10.55	17.56	42.95	42.87	46.51	47.90
印度	5.95	27.58	63.67	28.30	17.95	44.12	21.14

国家 （地区）	经济增长率 （%）	农业占比（%）		工业占比（%）		服务业占比（%）	
		产出	就业	产出	就业	产出	就业
韩国	**5.85**	6.76	12.21	**50.30**	**39.52**	42.93	**56.68**
智利	**5.58**	6.61	12.76	**41.61**	**34.08**	51.78	**61.53**
中国台湾	**5.46**	2.60	9.40	**33.91**	**46.58**	63.49	52.94
尼日利亚	**5.46**	**36.09**	**55.93**	**39.63**	5.31	24.27	39.71
泰国	**5.19**	12.06	**46.65**	**43.37**	26.20	44.57	32.97
哥斯达黎加	**4.82**	12.52	21.30	**32.67**	**32.82**	54.81	52.31
印度尼西亚	**4.81**	**16.21**	**40.84**	**44.83**	26.89	38.96	38.23
毛里求斯	**4.75**	9.54	12.96	**33.65**	**48.89**	56.81	47.77
加纳	**4.47**	**40.69**	**59.14**	25.07	13.63	34.16	28.55
土耳其	**4.38**	**13.77**	**39.64**	**34.48**	**28.45**	51.76	37.51
埃塞俄比亚	**4.11**	**48.54**	**84.71**	11.87	4.96	39.59	11.06
中国香港	**4.09**	0.20	0.44	14.94	**32.90**	84.86	75.25
玻利维亚	3.62	**16.65**	**35.66**	**35.45**	**27.44**	47.89	43.82
秘鲁	3.53	9.94	**33.39**	31.45	18.94	**58.61**	**50.96**
阿根廷	3.51	6.97	9.72	**33.01**	**27.73**	60.02	**68.70**
菲律宾	3.43	**22.10**	**40.28**	36.59	20.85	41.30	43.97
塞内加尔	3.36	**17.85**	**58.28**	23.40	14.53	**58.75**	29.94
马拉维	3.30	**32.00**	**83.18**	18.35	7.20	49.24	11.49
哥伦比亚	3.20	**16.48**	25.78	31.50	25.19	52.02	**54.75**
墨西哥	3.11	6.61	18.91	30.33	**35.14**	63.06	53.68
美国	3.08	1.45	1.83	24.48	25.32	**74.08**	**78.44**
西班牙	3.02	5.44	7.35	30.82	**39.72**	63.74	63.30
英国	2.89	1.81	1.84	29.39	**29.83**	68.80	75.13
委内瑞拉	2.73	5.45	12.66	**53.08**	29.76	41.48	63.18
荷兰	2.66	3.21	3.78	26.25	26.29	**70.54**	75.93
肯尼亚	2.58	**28.82**	**60.91**	18.62	11.20	52.56	29.17
南非	2.33	2.98	12.85	**33.30**	**37.14**	63.72	56.78
瑞典	2.22	2.77	3.12	31.19	**30.05**	66.05	**72.20**

国家 （地区）	经济增长率 （%）	农业占比（%）		工业占比（%）		服务业占比（%）	
		产出	就业	产出	就业	产出	就业
巴西	2.20	7.65	22.43	**35.80**	26.27	**56.55**	**57.31**
丹麦	2.12	3.28	3.98	24.21	**29.22**	**72.50**	**72.56**
赞比亚	1.96	**15.52**	**64.94**	**33.99**	12.82	50.49	24.45
法国	1.90	3.28	4.41	24.37	**29.57**	**72.35**	**72.45**
意大利	1.44	3.28	5.53	29.10	**37.18**	**67.62**	**64.23**
日本	1.43	2.18	6.89	**35.27**	**40.94**	**62.55**	**62.20**
平均	3.88	12.59	27.57	32.21	27.68	55.19	50.56

资料来源：数据来自 GGDC 10（2007 年版），结果由笔者自己计算得出。将原来的 10 个行业分为三大行业：农业、工业（采矿业、制造业、公共事业、建筑业）和服务业（零售批发业、交通运输业、金融与商业服务业、其他服务业、政府服务业）。各列中黑体加粗的数字表示该数字大于该列的平均值。

表 3-3 1990~2005 年世界不同地区的三大产业占比

地区	经济增长率 （%）	农业		工业		服务业	
		产出占比 （%）	就业占比 （%）	产出占比 （%）	就业占比 （%）	产出占比 （%）	就业占比 （%）
亚洲	5.65	11.89	29.41	36.92	31.88	51.19	45.43
非洲	3.59	25.78	54.77	26.43	17.30	47.73	30.99
拉丁美洲	3.59	9.88	21.40	36.10	28.60	54.02	56.25
高收入	2.31	2.97	4.30	28.34	32.01	68.69	70.71

资料来源：数据来自 GGDC 10（2007 年版），结果由笔者自己计算得出。将原来的 10 个行业分为三大行业（同表 3-2）。地区中"高收入"国家为达到世界银行的高收入国家（地区）标准的，包括欧洲一些国家和美国。

其实，前面变量的平均值之间的关系，属于静态关系，对于分析变量之间的相关或因果关系并不直观。下面我们选择四个典型国家结构变化的动态关系。这四个国家分别是中国、美国、赞比亚和日本，其平均经济增长率分别为 9.82%、3.08%、1.96% 和 1.43%。首先，从三大产业增加值（产出）占比来看（见图 3-3），高收入的美国和日本，其农业产出占比（图中的实线）很低，在样本期间，几乎没有变化；它们的服务业产出占比（图中的长虚线）很高，特别是美国达到 75% 以上，而且它们都呈现上涨趋势，而它们的工业产出占比（图中的短虚线）都呈现下降趋势，这个现象被称为"产出去工业化"。赞比亚的人均收入不高，其产业结构变化却和高收入国家类似，从图中可以看出，其服务业占比呈现上涨趋势，其工业产出占比前十年开始下降，然后有所上升。在这些中低收入国家中，这种工业占比的下降，被称为"过早的去工业化"（Premature Deindustrializtion）问题，不利于其经济持续发展。观察图中右下角的中国的图形，会发现这些曲线和其他三个国家不一样，中国的农业产出占比不断下降，这符合常见的产业结构变化的规律，但是，在样本期间，中国的工业产出占比不断增加，服务业产出占比平稳增长。正是这类没有去工业化的产业结构变化可以部分解释中国的经济增长率到达平均9.82%的高水平。

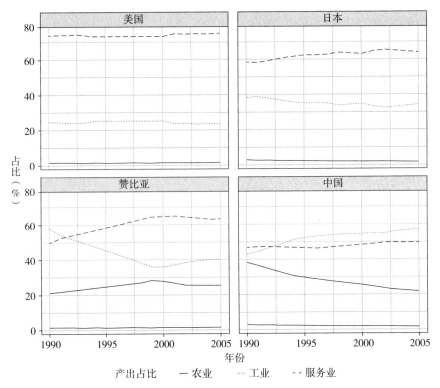

图 3-3　1990~2005 年四个典型国家的行业产出占比变化

资料来源：数据来自 GGDC 10（2007 年版），笔者根据自己计算结果绘制出图形。

其次，从三大产业就业占比的动态变化图（见图 3-4）来看，上面的规律仍然成立。美国和日本的服务业就业占比不断增加，农业就业占比较低且基本保持不变，但是，工业的就业占比却呈现下降的趋势，即所谓的"就业去工业化"现象，简称"去工业化"现象。赞比亚的就业占比变化和其产出占比变化相背离，其农业就业占比不断增加，工业和服务业就业占比却不断下降。中国的农业就业占比不断下降，但是工业和服务业就业占比却不断上升。

这四种典型国家的产业占比变化代表四种结构变化的类型：①增长型结构变化，如中国；②去工业化型结构变化，如日本和大多数高收入国家；③过早的去工业化型结构变化，如赞比亚等拉丁美洲和非洲国家；④停滞型结构变化，如美国。

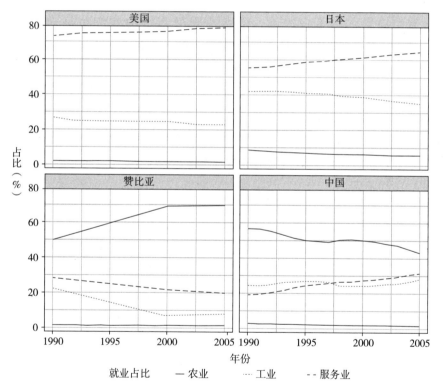

图 3-4 1990~2005 年四个典型国家的行业就业占比变化

资料来源：数据来自 GGDC 10（2007 年版），笔者根据计算结果绘制出图形。

3.3.2.3 结构变化效应实证分析的结果

用上一节定义的第 4 种方法计算每个国家的总的劳动生产率变化的效应

分解。使用 38 个样本国家 1990~2005 年的行业结构数据，ΔP 为一国总体生产率的变化，P_i 为行业 i 的劳动生产率水平，0 和 T 分别表示 1990 年和 2005 年，S_i 为经济中行业 i 就业所占的份额，$i = 1$，$\cdots$，10，共 10 个部门（行业）。

$$\Delta P = \underbrace{\sum_i (P_i^T - P_i^0) S_i^0}_{\text{行业内部效应}} + \underbrace{\sum_i (S_i^T - S_i^0) P_i^0}_{\text{静态结构变化效应}} + \underbrace{\sum_i (P_i^T - P_i^0)(S_i^T - S_i^0)}_{\text{动态结构变化效应}}$$

首先，从分地区结果来看（见表 3-4），劳动生产率增长率亚洲最高（3.81%），其次是高收入国家（1.46%），然后是拉丁美洲（1.35%），最后是非洲（0.86%）。从劳动生产率变化的分解来看，四类国家的行业内部效应都是最大的，说明各部门生产率增长的加权和对生产率变化的贡献最大。在结构变化的效应方面，样本期间静态结构效应最高的是非洲（1.29%），其次是亚洲（0.87%），然后为拉丁美洲（0.45%），最小的为高收入国家（0.2%），这正好说明非洲和亚洲国家的结构红利更大。但是，这些国家的动态结构效应都为负，如高收入国家动态结构变化效应为 -0.29%，亚洲国家为 -0.22%，拉丁美洲国家为 -1.33%，非洲国家最高达到了 -2.56%。这说明，一方面，劳动力不断流向生产率高于平均水平的行业；另一方面，表明生产率增长的行业就业份额减少，或者行业就业占比增加但生产率却减少。

表 3-4 1990~2005 年分地区结构变化的劳动生产率分解

地区	劳动生产率增长率	行业内部效应	结构变化效应	
			静态	动态
亚洲	3.81	3.16	0.87	-0.22
高收入	1.46	1.54	0.2	-0.29
拉丁美洲	1.35	2.24	0.45	-1.33
非洲	0.86	2.13	1.29	-2.56

资料来源：数据来自 GGDC 10（2007 年版），笔者计算表中结果。

具体各个国家的劳动生产率变化及其效应分解情况如表 3-5 所示。可以发现，样本国家的结构变化的效应有几种情况：

（1）静态和动态的结构变化效应都为正的产业结构变化，对劳动生产率增长有正的贡献。这种产业结构常被称为促进经济增长的结构变化。如中国、印度尼西亚、马来西亚。

（2）静态和动态的结构变化效应都为负，结构变化不利于经济增长。这类产业结构变化被称为阻碍经济增长的结构变化，如阿根廷、哥伦比亚、秘鲁、赞比亚、委内瑞拉、英国等。也就是说，这些国家的结构变化不符合结构红利假说，特别是，负的结构效应导致有些国家的劳动生产率出现负增长，从而出现所谓的结构变化陷阱。

（3）静态结构效应为正，但动态结构效应为负，说明劳动力在行业间的流动和行业的生产率增长没有同步。

实证结果表明，结构效应分为静态和动态结构效应，能更准确地反映结构变化效应。从这些样本国家的劳动生产率的分解来看，不是所有的结构变化都有利于经济增长，合适的结构变化才有利于经济增长。但问题是，如何确定一个合适的产业结构变化的模式保持经济持续增长，避免出现结构变化的陷阱？我们在后边的章节中尝试为这些问题提供一些解释。

表 3-5 1990~2005 年样本国家劳动生产率分解效应

国家和地区	地区	劳动生产率	行业内部效应	结构变化效应	
				静态	动态
中国	亚洲	8.78	7.79	0.53	0.46
中国香港	亚洲	3.28	2.02	1.61	-0.35
印度尼西亚	亚洲	2.77	1.72	0.96	0.09
印度	亚洲	4.23	3.24	1.21	-0.22
韩国	亚洲	3.89	5.29	0.24	-1.64
马来西亚	亚洲	4.09	3.59	0.22	0.28
菲律宾	亚洲	0.95	0.81	0.2	-0.06
新加坡	亚洲	3.71	3.79	0.26	-0.34
泰国	亚洲	3.05	1.38	1.86	-0.19
土耳其	亚洲	3.17	1.74	1.87	-0.44
中国台湾	亚洲	3.99	3.45	0.58	-0.04
阿根廷	拉丁美洲	2.35	2.94	-0.03	-0.56
玻利维亚	拉丁美洲	0.89	3.37	1.42	-3.9
巴西	拉丁美洲	0.45	0.7	0.03	-0.28

续表

国家和地区	地区	劳动生产率	行业内部效应	结构变化效应	
				静态	动态
智利	拉丁美洲	2.93	3.82	0.45	−1.34
哥伦比亚	拉丁美洲	0.19	0.53	−0.03	−0.31
哥斯达黎加	拉丁美洲	1.24	0.87	1.48	−1.11
墨西哥	拉丁美洲	1.07	0.83	0.65	−0.41
秘鲁	拉丁美洲	3.41	3.85	−0.15	−0.29
委内瑞拉	拉丁美洲	−0.36	3.2	0.2	−3.76
丹麦	欧洲	1.53	1.51	0.25	−0.23
西班牙	欧洲	0.64	0.5	0.34	−0.2
法国	欧洲	1.2	1.2	0.23	−0.23
意大利	欧洲	0.74	0.56	0.55	−0.37
日本	欧洲	1.41	1.42	0.26	−0.27
荷兰	欧洲	1.04	1.28	0	−0.24
瑞典	欧洲	2.79	2.83	0.32	−0.36
英国	欧洲	1.96	2.47	−0.12	−0.39
美国	美洲	1.8	2.09	0.01	−0.3
埃塞俄比亚	非洲	1.87	0.39	3.29	−1.81
加纳	非洲	1.05	0.46	0.83	−0.24
肯尼亚	非洲	−1.22	−1.44	2.73	−2.51
毛里求斯	非洲	3.45	3.06	0.73	−0.34
马拉维	非洲	−0.46	0.16	1.12	−1.74
尼日利亚	非洲	2.28	4.52	0.46	−2.7
塞内加尔	非洲	0.46	3.61	3.61	−6.76
南非	非洲	0.63	0.81	1.13	−1.31
赞比亚	非洲	−0.33	7.61	−2.27	−5.67

资料来源：数据来自 GGDC 10（2007），笔者计算表中结果。

4

结构变化中的去工业化问题

发达国家自 20 世纪中期开始去工业化现象引起了学者的广泛关注。文献中和去工业化相关的一个理论是经济结构变化。结构变化反映的是经济系统中不同产业间的相对重要性（以产出或就业比重）的变化过程。从其定义来看，去工业化必然会带来一个经济结构变化，但是结构变化未必一定会出现去工业化，也就是说，去工业化现象只是结构变化的一种重要情况。下面从去工业化的定义、分类、原因、影响进行分析，然后通过一个理论模型进一步阐述去工业化问题原因和对经济增长的影响。

4.1 去工业化的内涵、特征及其影响

工业化国家经历了高速发展后，普遍出现去工业化现象，对产业发展和就业产生了重要影响。此外，新兴国家和不发达国家也步发达国家的后尘，纷纷出现制造业的比例下降。人们也许会认为这是一个国家发展的必然之路，但是，一些发达国家经历的高失业率、经济危机以及产业空心化问题，无疑值得也确实引起了学者对去工业化问题的关注。

4.1.1 去工业化的内涵与分类①

4.1.1.1 去工业化的内涵

自工业化革命以来，发达经济体的产业结构发生显著的趋势性变化。

---

① 该节的部分内容来自笔者的合作论文《去工业化的内涵、影响与测度指标的构建——兼议结构性去工业化和区域性去工业化》（《当代财经》2010 年第 12 期）。

我们以美国为例，如图 4-1 所示，从工业革命以来，美国的三大产业的就业比例发生了显著的趋势性变化。1800~2000 年，农业的就业比例持续下降，从最初的 70% 多降到 10% 以下；服务业的就业比例持续上升，从 20% 左右增加到 70% 以上，而制造业的就业比例在工业化过程中表现为倒"U"形，开始不断增加，然而，到了 20 世纪 60 年代末 70 年代初进入后工业化时期，制造业的就业比例却开始下降。美国近 200 年的产业结构的发展历史在很多国家中都重复出现。

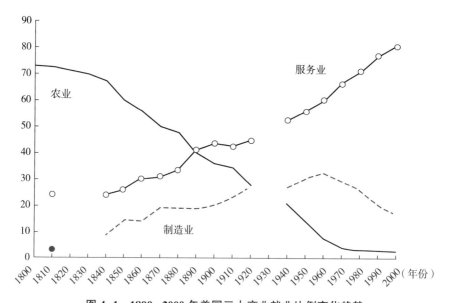

图 4-1　1800~2000 年美国三大产业就业比例变化趋势

资料来源：Iscan, Talan. How Much Can Engel's Law and Baumol's Disease Explain the Rise of Service Employment in the United States？[J]. Iscan, 2010. 其中图形中空缺部分是那些年份没有数据，如果用线性插值填充的话，图形的基本趋势不会改变。

从全世界经济的发展轨迹来看，过去 100 多年来，各国产业结构变化大致呈现三个典型特征（Sposi、Zhang 和 Yi，2019）：首先，随着经济的发展，农业在总就业中所占份额下降，服务业在总就业中所占份额增加，而对大多数国家来说，工业（制造业+矿业+公用事业+建筑业）在总就业中所占份额呈驼峰状（见图 4-2）。部门增加值占人均收入的比例也存在类似的模式。其次，工业就业占比其高峰值水平与人均收入之间显示出明显的负相关关系。如图 4-3 所示，较晚达到峰值的国家，其工业就业比例在峰值时往往较低，其当年的人均收入往往与美国的人均收入差距越大。

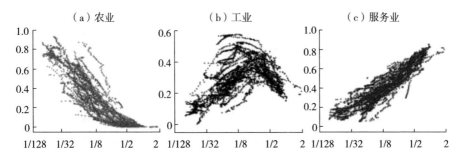

图 4-2 1900~2011 年世界经济体三大产业就业份额

资料来源：该数据为 1900~2011 年 40 个国家的不平衡面板数据，来自 Sposi（2019）：Structural Change and Deindustrialization。图中的纵轴为产业就业占比份额，横轴为各国按购买力平价计算的相对于美国 2011 年的实际人均收入。

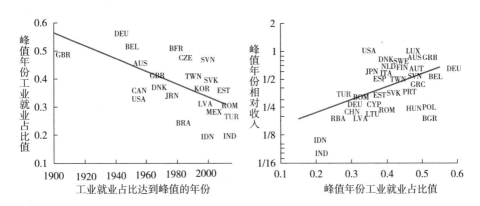

图 4-3 工业就业占比峰值类型

资料来源：Sposi（2019）：Structural Change and Deindustrialization。图中峰值年份是指一国（地区）工业就业占比达到峰值的年份；相对收入为各国工业就业占比峰值年份的人均收入相对美国工业就业占比峰值年的实际人均收入；图中的文本标签为不同国家的英文国名缩写。

关于去工业化问题，学者关注的焦点主要在以下几个方面（Rowthorn 和 Ramaswamy，1999）：①制造业中的就业比例的长期下降是否是个严重的问题；②这种就业比例的下降多大程度上是由于发达国家内部原因引起的，还是由于与发展中国家经济交往程度加深所带来的外部因素引起的；③去工业化是否为一个必然的，共同现象。

进一步分析上面图形，我们可以发现，无论是发达经济还是部分发展中和欠发达经济体都似乎难逃去工业化的"诅咒"。对发达国家的产业发展而言，在不同经济中，去工业化开始的时间、速度和类型有所差异。OECD国家20世纪60年代后期开始去工业化，而东亚一些高收入新型工业化国家从20世纪80年代后期开始，其后，一些中等收入的拉丁美洲和南非国家也开始去工业化。

如何正确理解和界定去工业化，学界见仁见智。大多数经济学家是从平衡贸易的角度来理解的。如辛格（1977）认为，一个有效率的制造业部门，不仅可以满足国内消费者的需求，也能以产品出口来获得进口所需的外汇；如果一国制造业部门出现贸易赤字，则该制造业部门即是无效率的，这种现象也被称为去工业化。卡尔多则更进一步，将去工业化定义为这样一种状况，一国制造业占世界贸易的份额持续下降或进口制造品占国内支出比重持续上升，其结果是难以实现经济的外部平衡。此外，还有制造业的产出和就业比重、生产率等角度定义去工业化，有的甚至将去工业化与"产业空心化""荷兰病"等概念联系在一起。然而，学者通常将去工业化定义为经济结构变化中制造业就业比例的持续下降，包括相对比例下降，或绝对比例下降。

为何绝大多数文献会将去工业化定义在就业比例方面而不是整个产业产出比例的下降，其原因为：一是制造业就业比例通常用来衡量工业化水平的经济发展程度；二是就业是度量制造业规模的最直观的指标。我们知道就业问题是西方世界政治活动的重要筹码，使用就业指标也容易引起人们对该问题的关注；三是从分析产业调整的成本的视角来看，去工业化的结构变化定义在要素市场的变化比定义在产品市场更有意义。同时，定义为就业比例的绝对改变比相对改变更能体现总体调节成本。四是这种定义能使人们更加关注总体水平上的就业结构变化。其实，使用这种定义还有一个原因是，正如Saeger（1997）所指出的，去工业化带来的经济结构变化直接影响到人的就业以及引起的相关问题，体现以人为本的情怀。

其实，去工业化是一个与工业化相伴随的概念，指一个国家或地区工业化发展到一定阶段后出现的制造业绝对和相对规模不断下降的现象，去工业化通常具有后工业化时代的特征，即经济活动的中心将是服务的提供而不是物质产品的生产。从全世界范围来看，去工业化应该包含更多的内容，不仅发达国家而且发展中国家也可能发生去工业化现象；去工业化不仅包括就业数量、质量方面的变化，而且还包括与工业化本身相关的社会结构等多方面的变化。总之，去工业化和工业化都是经济发展中不断前进的两个方面，本质上都是在物质世界基础上的要素再配置过程。

去工业化是通过新国际劳动分工中的不同分工模式实现的，表现为产业转移。早期，发达国家发生去工业化体现为产业间分工（Inter-industry Specification），即产业与产业之间的国际分工。根据绝对优势理论、比较优势理论和要素禀赋理论，为了寻求更多利润，发达国家将一部分制造业转移到具有成本优势的发展中国家，而自己专注生产更有优势的产业，如服务业。此外，发达国家间的产业内国际分工（Infra-industry Specification）也加快了一些国家的去工业化进程，表现为制造业在国家与国家、国家与地区、地区与地区间的产业转移。

20 世纪 70 年代后，由于通信技术进步、交通便利和制度完善，跨国投资的壁垒日益消除，经济全球化加速了新国际劳动分工的形成，产业间分工和产业内分工逐渐被产品内国际分工（Infra-product Specification）所取代。这时，发达国家的去工业化更多是通过产品内国际分工来实现的。

4.1.1.2　去工业化的分类

根据经济发展不同特征，去工业化可以分为多种类型：

（1）从制造业对就业影响角度来看，去工业化可分为绝对去工业化和相对去工业化。绝对去工业化是指以产值和就业指标度量的制造业规模的绝对缩小。相对去工业化则指由于内生或外生原因而导致制造业相对于国民经济中其他部门的日益萎缩。两者也可以以就业指标来区分（见表 4-1）。在就业方面，制造业工人人数、工人总数以及制造业工人占总数的比例三个类别都在减少时，就是绝对的去工业化。而相对去工业化是这三类就业指标的混合，即三个就业指标中两个下降一个增加。另外，与绝对工业化和相对去工业化相联系的还有虚拟工业化和再工业化（Hegyi-Kéri，2016）。虚拟工业化表现为制造业就业人数在增加，但是要么制造业就业占比下降，要么总就业人数下降；再工业化则与此相反，制造业工人的数量、总就业人数以及制造业工人在总就业人数中的份额都在增加。从这个分类来看，当前西方国家的再工业化政策初衷是要实现"再工业化"的三个就业指标都增加的目标，但是其效果可能是"虚拟工业化"或"相对去工业化"的情形，即三个就业指标并没有同时增加。

表 4-1　以就业区分的去工业化与工业化

类型	制造业就业人数	制造业就业占比	总就业人数
绝对去工业化	下降	下降	下降
相对去工业化	下降	下降	增加
	增加	下降	下降
	下降	增加	下降
虚拟工业化	增加	下降	增加
	增加	增加	下降
再工业化	增加	增加	增加

（2）从对就业增量及经济增长的影响来看，去工业化可分为积极和消极两种。如果去工业化进程中服务业新增就业大于制造业就业的减少，且伴随以产出和增长率度量的经济增长，则为积极的去工业化；反之则为消极的去工业化。积极的去工业化（Positive Deindustrialization）代表着传统的经济学对去工业化的理解。这种去工业化被视为经济体在经济发展过程中"正常的"结构变化，当人均收入增加，农业就业比例下降，制造业就业比例上升，直到经济发展到一个新的水平。然而，人均收入超过一些门槛值时，服务业的就业比例上升，而制造业中的就业比例出现下降，失业上升。这种去工业化之所以被称为"积极的"，是因为劳动在不同部门之间的转移，没有使经济增长降低，失业增加，从制造业中流出的劳动很快就被不断壮大的服务业所吸收。

不是所有经济体的去工业化都被认为是"积极的"，正如 Rowthorn 和 Wells（1987）所认为的，有些经济体发生了所谓"消极的去工业化"的过程。这种去工业化是一种病态的经济现象，是一种经济失衡，导致的经济体难以达到其增长的潜在水平或充分就业水平。制造业产出和生产率下降，经济水平下降，竞争力下降。因为制造业的失去工作的工人没有被服务业充分吸收，导致失业率上升，经济增长出现停滞。

（3）从去工业化伴随的人均 GDP 的变化来看，可分为正常的去工业化和过早（早熟）的去工业化。前者发生在发达国家人均 GDP 较高的工业化阶段，如 OECD 成员国；后者特指许多发展中国家在人均 GDP 较低或远低于发达国家水平时发生的制造业规模的相对和绝对缩小，如拉丁美洲、非洲的一些国家。与一般国家不同的是，拉丁美洲和南非等一些国家的去工业化被称为"过早的去工业化"（Premature de-Industrialization）。因为它们不是由于产业结构的自然变化或"荷兰病"（Dutch Disease）导致的，而是人为的激烈经济改革政策造成的（Palma，2008）。"荷兰病"是指在具有丰富自然资源的国家，随着其资源开发，该国家的制造业部分比重不断下降，这种现象常又被称为"资源诅咒"。因为自然资源收入的增加像一把"双刃剑"，一方面促进经济增长扩大就业，另一方面由于汇率上升容易导致制造业部门缺乏竞争力而萎缩。虽然文献中并没有一致认为丰富的自然资源将必然导致制造业的退化，但Palma（2005）认为，"荷兰病"是一个国家去工业化加重的一个重要原因。

（4）去工业化还可以分为总量去工业化和结构性去工业化。总量去工业化就是一般所说的去工业化，而结构性去工业化是指一个国家通过产业结构调整，淘汰产业链的低端制造业，提高高端产品的生产比例。有些结构性去工业化表现为与贸易高度相关。贸易通过宏观经济渠道影响制造业，然后影响到一个国家的专业化生产。在一个成熟经济中，去工业化可能与贸易盈余和贸易赤字相关。当制造业贸易存在大量的贸易盈余，而且制造业部门为经济增长的主要力量，这种情况下制造业可能转移出大量的劳动力，通过积极的去工业化，比没有贸易时更高。同时，他们认为，当一个国家的制造业的贸易状况恶化、投资下降时，制造业部门可能由于消极去工业化作用使大量劳动失业，而服务业部门又不能吸收，导致经济停滞。结果是，有贸易盈余的国家可能比贸易赤字的国家会投入更多资源和劳动到这个部门，因此，贸易会进一步强化制造业在成功国家的专业化。

（5）去工业化也可以分为发达国家的去工业化和发展中国家区域性去工业化。区域性去工业化是指由于区域发展差异，一些地区处于工业初期时，而另一些地区可能已经开始去工业化。尽管目前国外文献通常以产值和就业度量的制造业规模定义去工业化，究其原因：一是制造业就业比例是度量工业化和经济发展的常见指标，是制造业规模最直观的测度，也是各国政府所密切关注的；二是强调要素市场而不是产出市场更有利于体现去工业化是发达国家产业之间成本不断调整的一种过程。

不同国家去工业化存在的形式互不相同。有的国家是以某种形式为主，有的国家是这些去工业化的混合形式，多种因素在起作用。近年来，为最大限度地降低生产成本，发达国家跨国公司将生产过程分解为多个连续的过程或环节，在全球范围内配置生产过程中的不同环节或工序，此时，发生的去工业化往往为结构性去工业化，通过各种形式的"外包"，即制造业生产环节的国际化，去掉了工业化中"微笑曲线"的低端生产，以提升自己在产品价值链的地位。一个国家或地区即使制造业的总就业人数不变且没有发生总量去工业化，但也可能发生机构性去工业化，这种情况越来越突出。在产品内分工下，去工业化的另一种表现形式为区域性去工业化，地区间发展产业转移，如我国长江三角洲产业转入中部地区。

4.1.2 去工业化的原因

虽然文献中将发达国家去工业化产生的原因归纳为需求和供给方面，但是，这些原因主要是针对发达经济而言，对发展中国家或一个国家中的不同地区之间的局部去工业问题分析不够。在实证文献方面，现有的计量模型主要从发达国家内外部因素来解释去工业化。这些模型检验的国内因素包括消费类型的改变，制造业相对于服务业更快的生产率，以及制造品相对价格的下降（Alderson，1999；Rowthorn 和 Ramaswamy，1999；Rowthorn 和 Coutts，2004；Nickell，Redding 和 Swaffield，2008；Kollmeyer，2009）。

Kuttor 和 Hegyi-Keri（2014）指出，当工业部门的就业下降无法由第三部门弥补时，去工业化会产生特别不利的影响，因此失业人数会增加；去工业化主要有积极的原因，其次是外部原因，最后是与消极的内部过程相关的原因。去工业化作为一种工业化相对应的经济结构变化的特征，总体上有以下几个方面的原因：

（1）相对于其他部门，制造业的生产率更高。与去工业化是由于发展中国家的低工资劳动的竞争所致的传统观点不同，以 Rowthorn 和 Ramaswamy（1997）为代表的学者认为，去工业化是所有发达经济发展过程的一个自然结果。他们认为，发展中国家进口作用较小，而制造业相对于服务业生产率的快速提高起着重要作用。当制造业效率提高时，所需工人比例下降，多余的工人开始流向服务业。由于发达国家的劳动力主要集中在制造业和服务业，所以制造业中就业比例的变化将主要由这两个部门的产出和生产率的趋势决定。大部分的发达经济中，制造业的生产率比服务业的生产率增长更快，而产出增长率在两个部门大致相同。劳动生产率增长快的制造业的就业萎缩，而劳动生产率慢的服务业却吸收更多的就业人数。

从部门生产率差异解释去工业化得到不少学者的支持，鲍莫尔是较早有名的作者之一，在其 1967 年的著名论文中，提出了不平衡发展理论，区别于当时著名的卡尔多经济特征事实的平衡增长模型（Baumol，1967）。[①]在其模型中，鲍莫尔基于服务业的生产率落后于制造业的生产率的事实，得出了几个著名的结论：服务业的成本将不断增加（所谓的"成本病"）；制造业的就业比例将逐步下降，从而引起总体经济增长率下降。

（2）消费需求结构变化。对于去工业化现象，最直观的原因是来自需求方面解释。消费者更加富有，并倾向于增加服务业的需求，减少对制造业产品的需求。在市场经济中，需求决定供给，需求结构变化引导着生产结构的改变。当社会对制造品的需求下降，制造业在整个产业中的比重可能下降。

从需求结构方面来解释去工业化最早出现克拉克（1957）的《经济进步的条件》一书中。他在书中提出了一个重要的假设，经济发展中的就业结构演化可以由需求结构的变化来解释，去工业化的出现是由于人们的需求由制造业转向了服务业。他的解释可以看作恩格尔法则（收入水平不断提高，花在生活必需品上的支出将逐渐减少）在制造业中的应用。因为随着一个国家经济的不断发展，居民的需求将发生转移，将消费越来越多的服务业，在制造业上的消费支出将由平稳到最终下降，相应地，制造业的就业比例也将由平稳到下降。

至于需求结构变化的原因，则和人们的需求层次升级有关。也就是说，人们的基本生活需求得到满足后，就会开始追求精神文化、社会认同等更高层次的需求，这些高层次的需求需要服务业的大力发展，相应地降低了对制造业的相对或绝对的比重。如根据丹尼尔贝尔的后工业社会理论，在后工业化社会，人均 GDP 不断增加，家庭对制造品的需求下降，而对服务业的需求增加。

（3）贸易扩展因素。一方面，频繁的国际贸易通过竞争进一步提高了发达经济的制造业的生产率；另一方面，世界经济不断扩大的南北贸易导致发达经济中的制造业失去了竞争优势，发达国家的工业部分资源不得不

---

① 卡尔多特征事实之一就是长期内实际人均产出的增产率基本不变。

重新配置以反映相对比较优势等（Burgstaller，1987）。"去工业化"之所以和对外投资与贸易有关，是因为发达国家的对外投资减少了国内制造业就业机会，同时提高了国内投资的边际收益率，使国内资本由制造业转向服务业，实物投资转向金融投资；而南北贸易会减少发达国家制造业的盈利能力，抑制着发达国家的劳动密集型新增投资，并且引导制造业新增投资专业节约劳动的创新方面。因而，两者都可能降低发达国家的制造业就业比例。例如，Alderson（1999）使用 18 个 OECD 国家 1968~1992 年的面板数据发现，对外投资和南北贸易是这些国家的制造业就业比例下降的重要原因。该文进一步指出，全球化在发达国家的去工业化过程扮演着重要的、独立的角色。在经济发展过程中，制造业的就业比例呈现出倒"U"形；由于工业部门的效率降低导致的"消极的去工业化"在 OECD 的国家去工业化中起着很大作用；而且，一个国家的总体贸易类型影响到其国内的就业结构。Ungor（2012）也得出了基本相同的结论。他通过使用中国和美国 1978~2005 年的数据，比较开放环境和封闭环境中中国的结构变化对美国的去工业化的影响程度，发现封闭经济模型只能解释美国制造业就业比例下降的 32.8%，而在开放经济中却能解释 62.6%。

这些国家的对外投资增加，其国内的制造业在整个经济中就业比例不断下降。作者同时强调，对外投资分散了国内制造业的就业，同时，直接投资也提高了国内投资的边际收益率，导致投资从制造业转向服务业，此外，他们也认为，南北贸易的扩大也强化了北方国家的制造业就业比例的下降趋势。Rowthorn 和 Ramaswamy（1999）通过实证发现，发达经济的去工业化主要源于其内部因素，如制造业部门生产率相对服务业来说快速增加，以及制造品的相对价格下降。同时，消费者在制造业品与服务业之间的需求发生变化也起着一定作用。

从国际贸易方面来解释去工业化，常常与去工业化假设相关。20 世纪 70 年代末，美国一大批知识分子警告说，美国制造业工人的工作岗位正在不断受到侵蚀，提出了所谓的去工业化假设，即由于国际贸易竞争使美国制造业中高工资的工作岗位流向海外，这是造成美国经济出现困难的主要原因。但是，正如 Krugman（1996）所言，这个广为流传的观点却没得到主流经济学家的积极响应。事实上，1970~1980 年，美国制造业的贸易盈余基本平衡。尽管日益增加的进口挤出了国内部分制造业的工作岗位，但是不断增加的出口也创造了大量的新的制造业就业机会，所以说，总体上，制造业就业比例的下降（去工业化）与国际贸易基本无关。其实，那些认同"去工业化假设"的人士实质上就是贸易保护主义者，主张美国应该实行限制性国际贸易政策，以免美国制造业受到外部冲击。政府政策是深入剖析产生这些国内扭曲的原因，并消除这些扭曲，如减少部门之间的工资差异，或者对高工资的制造业部门进行补贴。

（4）地区之间产业转移的空间均衡结果。对于一个国家来说，特别是像中国这样的大国，地区之间空间产业优化需要产业在全国范围内优化配置，这必然会涉及地区间的产业转型和产业转移，无论是主动的还是被动的。其结果是，发达地区由于其资源禀赋的变化，制造业的产值和就业比例的下降，从而出现地区间的去工业化现象。也许人们会认为，发达地区的经济可以依靠技术进步保持制造业的优势，不一定会出现制造业的比例下降，也就不会出现去工业化。一定程度上说，这样的趋势是可以出现的，但是，从较长时期来看，随着地区间禀赋的改变，一国内的生产要素要达到最佳使用效率必然要实现空间优化，发达经济中其他产业的相对优势将逐渐增加，而制造业的优势将呈现下降趋势。二战后，发达国家大型城市的服务业成为其支柱产业就是很好的例证。最近10年来，我国沿海地区经济初级制造业大量向内地转移，产业升级换代，也体现了地区产业的空间均衡会导致一部分地区出现去工业化现象，尽管全国经济仍然处于工业化的上升时期。

此外，公共部门快速扩张也是去工业化产生的原因之一。政府消费大多为服务支出，使资源从工业部门转移到服务部门，同时，公众不情愿为政府费用的增加而支付更高的税额。结果，政府消费扩展导致储蓄、投资和出口下降（Ansari，1995；McKinnon，2004）。

4.2 去工业化测度的理论

去工业化的开始时间、速度和类型因国家的不同而有所差异。因此，如何度量不同国家或地区的去工业化程度是研究去工业化问题的一个重要内容。

对去工业化程度的测度，国外多数文献将制造业就业份额的下降程度作为度量变量。此外，也有不少研究者加入其他辅助变量，如使用制造业就业份额和产出份额，工业就业份额的下降，劳动力由制造业向农业的流动率等。当然，较为系统的测量度量指标是由 Singh（1977）提出的，包括制造业产值、制造业就业的绝对人数和相对比重、制造业产值占 GDP 的比重、制造业的净出口（对外贸易余额）。

选择不同的测度指标反映不同的分析目的。国外研究去工业化的目的有两类：一是解释发达经济产业结构变化的原因，为国内产业升级提供理论支持；二是估计新国际分工体系下发达国家大量的国际产业转移对宗主国的影响，为自由贸易或贸易保护主义政策提供理论和实证依据。如果我们分析广义的去工业化，特别是分析中国区域间的去工业化问题时，使用这些已有的指标显然有很大的局限性。为此，我们构建了一套更为广义的去工业化的测度指标。

广义的去工业化的测度指标构建原则：①反映去工业化程度的指标应该和工业化理论相对应。因为去工业化是工业化进程中产业结构变动的一种结果，只有以工业化理论为指导，制定出的去工业化指标才有理有据。工业化是一国（或地区）随着工业发展、人均收入和经济结构发生连续变化的过程，工业化具体表现为国民收入中制造业活动所占比例逐步提高、制造业内部的产业结构逐步升级、在制造业部门就业的劳动人口比例有增加的趋势、城市规模不断扩大城市化率不断提高，整个人口的人均收入不断增加等。②去工业化的测度指标应该和产业分工相适应。产业分工是随着时间变化的，不同分工体系下制造业的比重和重要性存在差异，因而去工业化的测度指标应该是动态的，有时序性和空间性，不能用一套指标分析不同地区、不同经济发展阶段的去工业化程度。

据此，用分层次方法构建去工业化的测度指标体系，反映经济发展水平、产业结构、工业结构、就业结构和空间结构等方面。具体的指标内容和构建方法如下：

4.2.1 核心层指标

和国外主流方法一致，总量去工业化测度的核心指标，我们选择制造业就业占全部就业人数的比例、制造业增加值占 GDP 的比例、制造业出口占总出口的比例等三个指标。如果这三个指标出现持续下降，我们就可以说，该国或地区出现总量去工业化现象。但是，对于结构性去工业化测度，我们定义一个产业结构变化指标，即产业链中一定比例（如10%）高端产业增长率与相同比例低端产业增长率的比值，如果该指标大于1，说明出现了结构性去工业化。

4.2.2 中间层指标

中间层指标辅助核心层指标进一步测度去工业化的性质。我们选择两方面的指标：一是制造业全要素生产率指标，反映制造业乃至整体经济的技术进步、制度改善等方面。二是制造业净就业变动指标，反映去工业化对不同产业的综合就业效应。如果经过核心层指标测量存在去工业化现象，而且这两个中间指标都为正，我们定义该种去工业化为积极的去工业化；否则，为消极（或过早）的去工业化。但是，短期内积极的去工业化，在长期内可能是消极的，对经济增长有害的。为此，我们构建以下外围指标反映去工业化的宏观经济效应和空间比较效应。

4.2.3 外围层指标

为了反映去工业化的长期的经济效应，我们选择较长时期（如10年）的平均经济增长率、失业率在整个区域内的横向比较指标，如一个国家10年内平均增长率与整个世界平均增长率的比值。如果这些经济增长率和就业率指标不断恶化，我们定义去工业化为绝对（强）去工业化；否则为相对（弱）去工业化。

最后，选择传统评价法（加权合成法）来构造计算反映一国或者地区去工业化程度的综合指数。用层次分析法计算出各个指标的权重，用加权合成法对各指标的评价值进行综合计算。

4.3　去工业化的一个理论模型解释

经济发展总是伴随着经济结构的变化。工业革命发生后，经济结构变化的趋势更加明显。工业化之前第一产业为经济的主要经济部门，然后工业化使第二产业地位日益增加并占据经济的主体地位，直到服务业的地位不断增强。从世界主要经济体的发展历史来看，20世纪以来，世界经济发展一个共同的趋势是第一产业比例不断下降，第三产业不断上升，而第二产业在整个经济中的比例呈现倒"U"形，先升后降。然而，对于这种典型现象，主流的经济增长理论（尤其是新古典增长模型）基本上不予考虑，可能是出于建模技术原因（难以将结构变化的特征融入其传统模型），也可能是这些经济学家更加相信反映平衡增长的卡尔多典型事实。下面，使用两个基本模型说明去工业化现象的产生及其影响。

我们使用一个简单的增长模型来分析经济发展中的去工业化问题。

4.3.1　模型设置

参考鲍莫尔（1967）的非平衡增长模型中分析经济发展中的去工业化问题。鲍莫尔模型最关键假设是经济活动分为两类：一类是技术进步活动，其中，创新、资本积累和规模经济使人均产出不断增加，另一类是经济活动的生产率只是偶尔增加。这两类经济活动的差异原因在于劳动在经济活动中所扮演的角色。在某些情况下，劳动主要是一种生产要素，是获得最终产品的多种投入中的一种，且和其他投入之间存在替代关系，生产率提高会降低劳动的需求。制造业就是该类活动的最明显例子。而在其他情况，从实际目的来看，劳动本身就是最终产品的呈现形式，如许多服务业以劳动本身为目的，在这些服务中，直接根据劳动量来判断质量。

因此，不妨假设经济分为两个部门进行生产，一个"技术进步的"部门（如制造业）和一个"技术停滞的"部门（如服务业），其中，制造业（技术进步部门，简称M）采用新技术，生产率以不变的比率 r 增长，而服务业（技术停滞部门，简称S）只使用劳动力，生产率保持不变。模型具体的基本假设为：

（1）经济体中存在两个部门：停滞部门和进步部门，这两个部门主要以技术结构来划分。

（2）除了劳动力成本以外的支出都可忽略，即劳动力是唯一的投入。

（3）工资在两个部门同时上升和下降的，劳动力具有同质性，不同部门的劳动工资率相同。

（4）货币工资的增长和部门生产率增长一致。

假定劳动是同质的，并且是生产的唯一要素，分别用 Y_M 和 Y_S 表示制造业部门和服务业部门的生产量，则两部门的生产函数表示如下：

$$Y_{Mt} = aL_{Mt}A_M \tag{4-1}$$

$$Y_{St} = bL_{St}A_S \tag{4-2}$$

$$W_t = We^{rt} \tag{4-3}$$

$$A_M = e^{rt}, \quad A_S = 1 \tag{4-4}$$

其中，L_{Mt} 和 L_{St} 是两部门劳动就业的数量，a 和 b 是常数。A_M，A_S 代表生产率，假设技术停滞部门（服务业）的生产率 $A_S = 1$，即不变，而先进部门（制造业）的生产率的增长率为 $r > 0$。

鲍莫尔认为，由于两部门劳动力的流动，在长期来看，S 部门的工资水平并不比进步部门的工资水平落后。为了简化分析，两部门的工资水平被认为是相等的并且以同样的比率增长。因此，两部门的工资水平设定为 Wt，并以 M 部门生产率 r 同样的比率增长。

4.3.2 去工业化现象

由于经济活动只是由两个部门进行生产，所有的劳动力都是在这两个部门进行配置，也就是 $L = L_M + L_S$ 为总的劳动供应量。另外，根据模型的基本假设，政府为了满足一定的经济社会目标通常会调整两部门的产出之比，且其在保持一定的范围内，为了分析方便，不妨假设模型中两部门的产出之比为常数，即

$$\frac{a}{b}\frac{Y_S}{Y_M} = \frac{L_S}{L_M e^{rt}} = K(常数)$$

根据这些模型设定，可以计算出两个部门的就业占比情况。

$$\frac{L_M}{L} = \frac{L_M}{L_M + L_S} = \frac{L_M}{L_M + K L_M e^{rt}} = \frac{1}{1 + K e^{rt}}$$

$$\frac{L_S}{L} = \frac{L_S}{L_M + L_S} = \frac{L_M K e^{rt}}{L_M + L_M K e^{rt}} = \frac{K e^{rt}}{1 + K e^{rt}} \tag{4-5}$$

从式（4-5）可以看出，如果两个部门的产出水平相对比保持不变，那么，随着时间推移，时期 t 不断增大，服务业就业比例 L_s/L 将越来越大，而制造业就业比例 L_M/L 将越来越小。这个结论可以使用下面的导数符号进一步验证。

$$\frac{d\left(\dfrac{L_M}{L}\right)}{dt} = \frac{-K r^2 t}{(1 + K e^{rt})^2} < 0$$

$$\frac{d\left(\dfrac{L_S}{L}\right)}{dt} = \frac{K r^2 t}{(1 + K e^{rt})^2} > 0$$

换句话说，在模型的基本假设下，随着经济发展，劳动力会逐渐转移到服务业部门，导致制造业（进步部门）的就业比例逐渐下降，这就是所谓的"去工业化"现象。

其实我们可以设想这样一种情形：一家手机制造企业以前每月生产 1 万部手机，随着生产技术进步，现在每天可以生产 2 万部。如果该企业的产品在市场上能够销售出去，那么工人的劳动时间并不会减少。但是，如果市场对该企业手机的需求没有增加，和以前一样只能每月卖出去 1 万部，那么工厂就有 50% 的剩余产能。面对产能过剩问题，企业有两个决策：一是减少工人的工作时间，每月工作一半时间，工资保持不变；二是解雇一半工人，支付以前一样的工资。那么，现实中，企业会如何选择呢？也许有人会说，心地善良的企业家会选择前者，但实际上多数企业家往往选择后者，解雇一些工人或者将生产线工人转移到服务型岗位。做出这种选择，不是企业家心地不够善良，而是企业通常以盈利最大化为经营目标，做出第二种决策有利于增加自己的利润。所以，技术进步可能带来的结果是，制造业就业人数比例会下降。

4.3.3　去工业化对经济增长的负面影响

假设该经济的总产出指数为两个部门的产出的加权数：

$$Y = \alpha_1 Y_1 + \alpha_2 Y_2 = L(K\alpha_1 a + \alpha_2 b) \frac{e^{rt}}{(1 + Ke^{rt})} \tag{4-6}$$

总产出增长率定义为 $(dY/dt)/Y$，对式（4-6）对时期 t 求导，再除以总产出 Y，可得：

$$g_Y = \frac{dY/dt}{Y} = \frac{r}{(1 + Ke^{rt})} \tag{4-7}$$

从式（4-7）可以看出，经济增长率取决于制造业与服务业的生产率之比（r）、产出之比（K）。如果制造业与服务业的相对产出率、生产率保持不变，那么，随着经济发展，经济的总产出增长率将逐渐减少。也就是说，在这种情况下，经济增长减速和去工业化是同步发生的。该模型常被称为鲍莫尔的非平衡增长模型，又称为成本弊病（Cost Disease）模型，它一定程度验证了美国经济中教育、卫生保健、法律活动等服务行业的成本持续上升和一些国家去工业化现象的产生与经济增长的减缓。

4.3.4　数值模拟分析

下面对模型参数进行一些校准模拟模型的结论。

4.3.4.1　去工业化现象的产生

数据的生产过程如下：首先，假设一个经济体处于工业化发展的初期，服务业部门处于初级发展阶段。在模型中先进技术部门被定义除了服务业（停滞部门）之外其他产业，因此，在模型开始阶段，设定模型各参数的值如下：

（1）不妨假设 $K = 0.8$，表示服务业产值比重与（广义）工业产值之比约为 0.8。从世界经济发展历史来看，这个比值属于中间水平，如表 4-2 所示。可以发现，在低收入国家，这个比值基本保持不变。在中高收入国家，特别是高收入国家，随着经济的发展和收入水平的增加，这个比值不断增加。2010 年，K 值范围大致为 0.6~2.3。为了分析不同收入类型国家的结构变化的影响，我们也模拟了 K 值从 0.4~2.4 的结果。

表 4-2　2010 年、2019 年三个产业占 GDP 比值

项目	农业占 GDP 比值		工业占 GDP 比值		制造业占 GDP 比值		服务业占 GDP 比值		K 值	
年份	2010	2019	2010	2019	2010	2019	2010	2019	2010	2019
低收入国家	29	23	25	27	8	0.00	39.2	37.7	0.64	0.61
中低收入国家	17	15	30	27	16	15	47.1	50.6	0.89	1.02
中高收入国家	7	6	37	33	21	20	49.7	55.7	0.99	1.26
高收入国家	1	1	24	23	14	14	69	69.8	2.23	2.31

资料来源：世界银行网站 http：//wdi. worldbank. org/table/4. 2，其中 K 值为一个近似值。

（2）假设先进部门（制造业）的生产率的增长率 r 为6%+ε_t，其中ε_t为一个随机项，服从 N（0，2）的正态分布。这样设定的理由是根据实际经济周期理论，一个国家的生产率常受到外部的随机冲击，为刻画这种影响，我们在一个常数的基础上增加了一个随机冲击项，如图 4-4 所示。

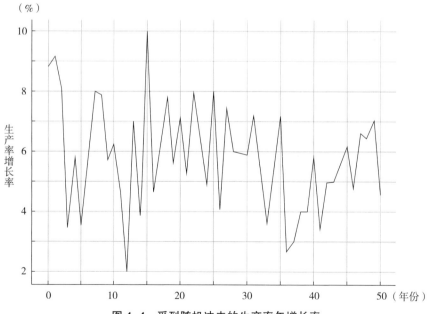

图 4-4　受到随机冲击的生产率年增长率

（3）时间 t 设定为从 1 开始，共 50 年。数据生产过程和模型结果作图的 R 代码如下：

```
# 两部门的产值比例
K <- 0.8
# 时期数据
t <- 1:50
# 生产率变化率
r0 <- 0.6; r <- (100* r0 + rnorm(length(t),0,2))/100
# K 为 0.8 时先进部门就业占比 L_M
share_LM <- 1/(1+K* exp(r* t))
# K 为 0.8 时停滞部门就业占比 L_S
share_LS <- K* exp(r* t)/(1+K* exp(r* t))
# 产出增长率
g_Y <- r/(1+K* exp(r* t))
# 生产包括全部变量的数据框
df <- data.frame(year =t,r= r,sh_LM = share_LM,sh_LS = share_LS,g_Y = g_Y)
# 生成 K 值从 0.4 到 2.4 变化时先进部门就业占比变化的数据
ks <- seq(0.4,2.4,0.4)
df2 <- data.frame(year = t)
for(k in 1:length(ks)){
    sh_LM <- 1/(1+ks[k]* exp(r* t))
    df2[,k+1] <- sh_LM
}
names(df2) <- c('year' ,seq(0.4,2.4,0.4))
df3 <- gather(df2,key='K' ,value='sh_LM' ,-year)
## 作图 plot the data
Library(ggplot2)
# plot the growth rate of the productivity(生产率变化)
p0 <- ggplot(df,aes(x=t,y=100* r)) + geom_line() + theme(legend.position =
"none",text=element_text(family="STKaiti",size=9))+theme_bw()+labs(x="
年份",y="生产率增长率(%)")
# plot the share of the employment of L_M and L_S就业占比图
p1 <- ggplot(df,aes(x=t)) + geom_line(aes(y=sh_LM),linetype='twodash' ) +
```

```
    geom_line(aes(y=sh_LS)) + annotate("text",x=25,y=0.99,label=
    paste("K=",K))+
    annotate("text",x=30,y=0.74,label='停滞部门的就业份额') +
    annotate("text",x=30,y=0.28,label='先进部门的就业份额') +
    theme(legend.position="top",text=element_text(family="STKaiti",size=
9)) +
    theme_bw() + labs(x="年份",y="就业份额")

# plot the growth rate of output(产出增长率图)

p2 <- ggplot(df,aes(x=t)) +  geom_line(aes(y=100* g_Y))+
annotate("text",x=25,y=5.6,label=paste("K=",K))+theme_bw()+theme(leg-
end.position="none",text=element_text(family="STKaiti",size=9))+theme_bw
()+labs(x="年份",y="产出增长率(%)") +  ylim(c(0,6))

# K值变化时的先进部门就业占比变化的图形

ggplot(df3,aes(x=year,y=sh_LM* 100,color = K))+geom_line()+

theme(legend.position="none",text=element_text(family="STKaiti",size=
9))+theme_bw()+labs(x="年份",y="先进部门就业占比(%)") + annotate('text',x
=10,y=16,label='K=2.4') + annotate('text',x=17,y=55,label='K=0.4')
```

模型中变量的模拟结果如下：

首先，K 为 0.8 时，模拟一个中低收入国家结构变化的结果。从图 4-5 可以看出，以服务业为代表的停滞部门的就业占比随着经济发展呈现出越来越高的趋势，而以制造业为代表的技术先进部门的就业占比却随着经济发展越来越低，出现文献中所谓的经典"去工业化"现象。在这个简单模型中，"去工业化"产生的原因主要是技术先进部门的生产率越来越高，而停滞部门的生产率为常数，结果导致大量的劳动力转移到生产率停滞部门去就业。当积累到一定程度后，整个经济的生产率就会降低，产出增长率下降。

其次，我们也可以分析当 K 值变化时，先进部门就业占比的变化情况。如图 4-6 所示，当 K 值从 0.4 增加到 2.4，国家收入层次从低收入、中低收入、中高收入、高收入的变化，该简单模型模拟出的技术先进部门的就业占比都呈现下降的趋势，也就是说，无论什么原因造成收入水平的高低，只要经济中制造业部门与其他产业部门之间的生产率差距越来越大，该经济体就会出现"去工业化"现象。这和现实中不少低收入国家的"过早的去工业化"现象是吻合的。值得我们注意的是，在给定两部门生产率差距的情况下，不同的 K 值，即不同收入水平的经济体，经历的"去工业化"

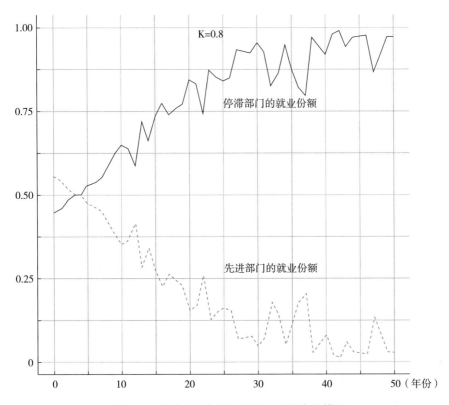

图4-5 模型中两个部门的就业份额变化模拟

的程度是不一样的。可以发现，K值越大，说明该经济体的收入水平越高，先进部门的就业占比越小；K值越小，即收入水平越低，先进部门的就业占比越高，因为这些国家还处在工业化的进程中，但是其先进部门的就业占比变化率越快。这说明，中低收入国家一旦发生"去工业化"现象，其变化程度会更高。这点可以从部分非洲、拉丁美洲和亚洲国家陷入的增长"贫困陷阱"或"中等收入陷阱"得到验证。

需要说明的是，在模拟的结果中，制造业就业占比并没有出现倒"U"形，原因为先进部门不只包括制造业，还包括除生产率停滞部门之外的其他所有部门，它们之间的就业占比变化存在着相互抵消或叠加的作用。

4.3.4.2 去工业化对产出增长率的影响

使用本章第2节相同的生产数据进行模拟，其结果如图4-7所示。说

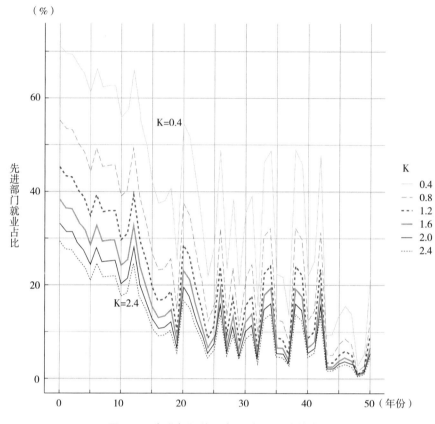

图4-6 先进部门就业占比随着K值的变化

明在给定一个部门的外生技术进步率的情况下，如果存在一个生产率停滞增长的部门，那么，随着劳动不断从技术先进部门流向停滞部门，整个经济体的产出增长率将会呈现下降的趋势。此外，可以发现，对于不同的K值，给定其他参数相同时，产出增长率下降的情况也不一样，如当K=0.4时，产出增长率变化曲线为图中最上面的一条；当K=2.4时，产出增长率变化曲线为图中最下面一条。K值越小的国家，其收入水平较低，其产出增长率相对较高，但下降的变化越大；相反，高收入的国家的产出增长率较小，但是其变化率较小些。这也进一步印证了文献中对低收入国家出现的"过早的去工业化"问题对经济负面影响的担心。

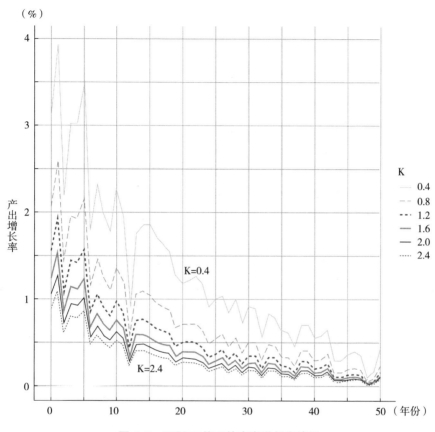

（%）

图 4-7　不同 K 值下的产出增长率情况

4.4　去工业化对经济增长的非线性影响

4.4.1　具有人力资本的模型

在前面的模型中，假设制造业和服务业的劳动生产率是外生的，并且它们的相对比是不变的。现在，借鉴 Hiroaki Sasaki（2012）方法，将这两个部门的劳动生产率内生化。模型的基本假设和本章第 1 节的假设一样，即经济分为两个部门进行生产:"技术进步的"部门(如制造业)和"技术停滞的"部门(如服务业),劳动力是唯一的投入,产出取决于劳动数量和生产率。

$$Y_{Mt} = a \, L_{Mt} \, A_M, \quad Y_{St} = b \, L_{St} \, A_s$$

新模型不同的是做了一些改变,对生产率影响因素进行简单的内生化。具体为:

(1)新模型中生产率受到两方面的影响,即技术进步导致的劳动生产率和人力资本。技术先进部门的有效劳动生产率受到这两种因素的影响,而停滞部门没有技术进步,其有效劳动生产率只受人力资本的影响,即:

$$A_M = T_M h$$
$$A_S = h \tag{4-8}$$

其中,T_M 表示技术影响的制造业劳动生产率,这里仍然假设停滞部门(服务业)的劳动生产率不变。h 表示人力资本的数量,人力资本数量影响两个行业的生产率。

(2)根据宏观经济学的通常做法,假设人力资本通过消费服务业进行积累,如工人通过教育、培训等获得人力资本为:

$$\dot{h} = \delta c_S = \delta \frac{h L_S}{L}, \qquad \delta > 0 \tag{4-9}$$

其中,$\dot{h} = \dfrac{\mathrm{d}h}{\mathrm{d}t}$ 表示人力资本数量的变量,δ 表示人力资本积累的效率参数,c_S 表示消费服务业产出的份额,等于人力资本数量 h 乘以总劳动中服务业所占的劳动比 $\dfrac{L_S}{L}$。可见,人力资本数量的增长率为:

$$g_h = \frac{\dfrac{\mathrm{d}h}{\mathrm{d}t}}{h} = \frac{\left(\dfrac{\delta h L_s}{L}\right)}{h} = \frac{\delta L_s}{L}$$

(3)假设制造业的劳动生产率 T_M 为物质资本 K_M 的增函数,而物质资本的生产使用技术先进部门的劳动,且按照 $\dfrac{L_M}{L}$ 的增长率进行累计,即:

$$T_M = B \, (K_M)^\phi, \quad \phi > 0$$
$$K_M = K_0 \, e^{\frac{L_M}{L}}$$

$$T_M = B\left(K_0\, e^{\frac{L_M}{L}}\right)^{\phi} \tag{4-10}$$

其中，ϕ 为制造业生产率对资本积累的弹性。

4.4.1.1 对制造业生产率的影响

根据上面的假设，我们可以计算出两个部门的有效劳动生产率。首先，由于模型中假设 $A_S = h$，所以服务部门（停滞部门）的有效劳动生产率 A_S 的增长率等于人力资本的增长率，即：

$$g_{A_S} = \frac{\delta L_s}{L} \tag{4-11}$$

其次，将式（4-10）的 T_M 取自然对数后再对时间 t 求导，就可以得到 T_M 的增长率：

$$g_{T_M} = \frac{d\ln T_M}{d_t} = \frac{d\left(\ln B + \phi\left(\ln K_0 + \dfrac{L_M}{L}\right)\right)}{dt} = \frac{\phi L_M}{L}$$

由于技术先进部门的有效劳动生产率 $A_M = T_M h$，所以 A_M 的增长率可以分解为 T_M 和 h 的增长率之和，即：

$$g_{A_M} = g_{T_M} + g_h$$

$$g_{A_M} = \frac{\phi L_M}{L} + \frac{\delta L_s}{L} = \delta + \frac{(\phi-\delta)\,L_M}{L}$$

$$g_{A_M} - g_{A_S} = \phi\,\frac{L_M}{L} = \phi\left(1 - \frac{L_S}{L}\right) \tag{4-12}$$

命题 1：服务业生产率的增长率是服务业的就业占比的递增函数。

从式（4-11）可知，给定 δ 为正情形下，服务业的生产率的增长率随着服务业就业占比数量的增加而增加。也就是说，在具有人力资本积累的模型中，随着去工业化发生，制造业就业占比下降，服务业就业占比增加，服务业的生产率反而会增长，而不像简单的鲍莫尔模型中假设停滞部门（服务业）生产率总是不变。这个命题或许为公共政策促进服务业发展提供一些洞见。

命题 2：制造业有效劳动生产率的增长率是制造业就业占比的递增或递减函数。

从式（4-12）可知，制造业生产率的增长率取决于系数 ϕ、δ。如果

$\delta < \phi$，那么，制造业生产率的增长率是制造业就业占比的增函数，也就是说，去工业化引起制造业就业占比下降，将导致制造业生产率增长减速；如果 $\delta \geq \phi$，制造业生产率的增长率为制造业就业占比的递减函数。换句话说，制造业生产率的增长可能是制造业就业占比（或服务业就业占比）的递增或递减函数，这取决于人力资本积累的效率参数和制造业技术生产率对资本积累弹性的大小。如果人力资本积累的效率参数（δ）大于制造业技术生产率对资本积累弹性（ϕ），那么，去工业化引起制造业就业占比的下降，反而会提高制造业的综合生产率；相反，去工业化对制造业的生产率有负面的影响。因此，在加入人力资本的扩展模型中，能更好模拟去工业化对制造业生产率和经济增长影响的多重性、非线性，相应地更好地解释现实世界不同国家或相同国家不同发展阶段所经历去工业化实践的差异性。

命题 3：制造业生产率与服务业生产率的增长率之差和制造业就业占比正相关。

也就是说，有人力资本积累的情况下，去工业化减少制造业就业占比，将导致技术先进部门（制造业）和停滞部门（服务业）的生产率增长率的差距减少。这个命题是本书的核心观点之一，即积极的去工业化可以缩小不同部门之间的生产率增长的差异，从而可以避免鲍莫尔所说的去工业化带来的"成本病"弊端。

4.4.1.2 对经济增长率的影响

和前面的基本模型方法一样，将人均实际经济增长率分解为两个部门的两个行业生产率的增长率分别乘以各自的就业占比的加权和：

$$g = \frac{L_M}{L} g_{A_m} + \frac{L_S}{L} g_{A_S}$$

$$= \frac{L_M}{L} \left(\delta + \frac{(\varphi - \delta) L_M}{L} \right) + \frac{L_S}{L} \frac{\delta L_S}{L}$$

$$= \phi \left(\frac{L_M}{L} \right)^2 - \delta \frac{L_M}{L} + \delta \qquad (4\text{-}13)$$

从式（4-13）可见，制造业就业占比是以二次项形式出现在人均产出增长率的决定方程中，因为 ϕ，δ 都为正，该二项式的函数图像为"U"形，如图 4-8 所示。由此，可以得出下面的命题。

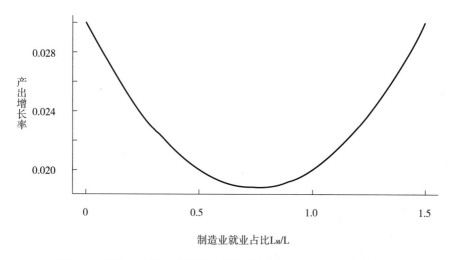

图 4-8　具有人力资本积累下产出增长率和制造业就业占比的关系

命题 4：存在人力资本积累时，去工业化对人均产出增长率的影响是非线性的。

这个命题成立的原因有两个机制在起作用：一是技术进步部门的就业占比下降导致生产率的下降，二是人力资本积累导致的生产率的提高。具体为，劳动力从制造业（工业）转移出来，进入服务业之时，技术进步部门的制造业就业比例下降会降低实际人均产出增长率，但是，经过一段时期后，随着人力资本积累的质变，服务业的劳动生产率不断提高，人均实际产出的增长率将逐渐增加。也就是说，当制造业就业占比下降，制造业中的"干中学"效应减少，服务业就业占比增加，服务业消费有利于提高人力资本的积累。这两种效应结合使制造业就业占比对人均产出增长率的影响是非线性的，有时呈现"U"形。这个结论综合了 Baumol（1967）年的结论（服务业就业占比的增加将降低实际人均产出的增长率）和 Pugno（2006）的观点（服务业就业占比的增加将提高实际人均产出增长率）。

综上所述，得到以下结论：

（1）如果一个国家的生产率是外生的，服务业的生产率增长率低于制造业的生产率增长率，那么劳动力从制造业转移到服务业，制造业就业占比的下降将降低人均实际产出的增长速度。

（2）如果该国的劳动生产率是内生的，那么，制造业就业占比的下降不一定会导致实际人均产出增长率下降。其结果取决于人力资本积累的效率参数和制造业技术生产率对资本积累弹性的大小。如果人力资本积累的效率参数（δ）大于制造业技术生产率对资本积累弹性（φ），那么，去工业化引起制造业就业占比的下降，反而会提高产出增长率。否则，去工业化具有经济增长的负面效应。

（3）在政策方面，一国经济即使面临去工业化的结构变化压力，如果人力资本对生产率的效率值足够高，那么人均实际产出的增长率在长期内也可以保持增长。所以，为了保持经济持续增长，政府在政策方面必须采取合适的措施，提高人力资本对生产率的贡献。

4.4.2 数值模拟分析

和本章第 1 节相同的 R 代码对模型关键变量进行模拟，以便能更直观地了解模型的结论。根据模型分析去工业化对经济的影响目的，我们假设了服务业的就业占比不断增加，为此，我们使用本章第 1 节相同的 K, r, t 值，其中 $K=0.8$, $r = 6\% + \varepsilon_t$, $\varepsilon_t \sim N(0, 2)$, t 共 50 期（年）。

4.4.2.1 对两部门生产率变化的影响

为了分析去工业化对技术先进部门生产率的影响，我们模拟了两种情况：$\delta \geqslant \phi$ 情形和 $\delta < \phi$ 情形。具体数据生产和作图的代码如下：

```
## 定义一个数据生产函数
dgp_fn <- function(delta,phi){
#':param delta:人力资本积累的效率参数
#':param phi:制造业生产率对资本积累的弹性
  ## 服务业劳动占比数据使用本章第 1 节相同的 K,r,t 值
shareLS <- K*exp(r*t)/(1+K*exp(r*t))
## 服务部门(停滞部门)的有效劳动生产率
grAS  <- delta*shareLS
## 技术先进部门的有效劳动生产率
```

```
grAM <- delta +(phi-delta)*(1-shareLS)
## 制造业生产率与服务业生产率的增长率之差
grDiff <- grAM - grAS
df6 <- data.frame(year =t,grAS = grAS,grAM = grAM,grDiff = grDiff)
df7 <- gather(df6,key ='sector',value ='gr',-year)
return(df7)

}


##作图:δ ⩾ φ 情形
Library(latex2exp) #为了在注释中显示 LaTeX 表达式
df7 <- dgp_fn(delta=0.01,phi = 0.009)
p6 <- ggplot(df7,aes(x = year,y = gr*100,linetype = sector)) + geom_line()+
theme(legend.position="top",text=element_text(family="STKaiti",size=9))
+theme_bw()+labs(x="年份",y="增长率(%)")+annotate('text',x=25,y=1.1,la-
bel = latex2exp::TeX('(1) $ \\delta >\\phi $'))

## 作图:δ < φ 情形
df8 <- dgp_fn(delta = 0.01,phi = 0.02)
p7 <- ggplot(df8,aes(x = year,y = gr*100,linetype = sector)) + geom_line()+
theme(legend.position="top",text=element_text(family="STKaiti",size=9))
+theme_bw()+labs(x="年份",y="增长率(%)")+annotate('text',x=25,y=1.51,
label = latex2exp::TeX('(2) $ \\delta <\\phi $'))
```

　　数值模拟的结果如图4-9所示。可以发现,当$\phi \leqslant \delta$的情况时(A图),服务业的劳动生产率(点虚线)不断增加,制造业的劳动生产率(实线)没有下降,呈现平稳变化趋势,两者的差距(长虚线)随人力资本不断积累逐渐缩小。

　　当$\phi > \delta$的情况时(B图),服务业的劳动生产率(点虚线)仍然不断增加,制造业的劳动生产率(实线)却呈现下降趋势,而两者的差距(长虚线)随人力资本不断积累逐渐缩小。

　　这两个模拟的结果和模型的理论分析相一致。

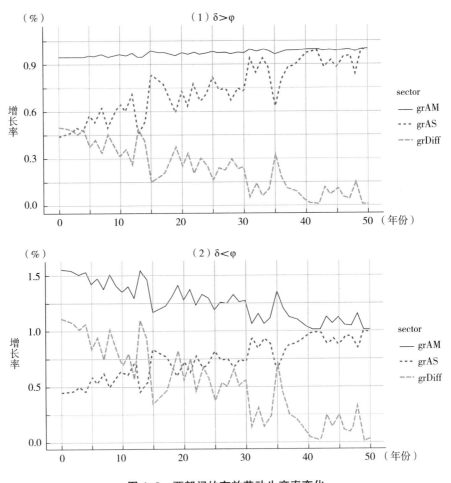

图 4-9　两部门的有效劳动生产率变化

注：$grAM$，$grAS$ 分别为 A_M，A_S 的增长率，$grDiff$ 为 A_M，A_S 的增长率之差。图 A 为 $\delta > \phi$ 的情况，图 B 为 $\delta < \phi$ 的情况。

4.4.2.2　对产出增长率的影响模拟

在前面的理论模型中，我们分析两种情况下制造业占比下降对经济增长率的可能影响。下面仍然分两种情况进行数值模拟。K、r、t 值和前面分析一样，相应新增加的数据生成和作图的 R 代码如下：

```
#定义数据生成函数
dgp_gr <- function(delta,phi,K=0.8){
  #先进部门(制造业)就业占比数据
  shareLM <- 1/(1+K*exp(r*t))
  #根据式(4-12)生成经济增长率数据
  grY <- phi*(shareLM)^2 -delta* shareLM + delta
  df<- data.frame(year =t,grY = grY)
  return(df)
}


# 当δ<φ情形
df9<- dgp_fn(delta=0.02,phi= 0.01)
ggplot(df9,aes(x=year,y = grY)) + geom_line()+ geom_line()+
  theme(text=element_text(family="STKaiti",size=9)) +
  theme_bw()+labs(x="年份",y="增长率") +
  annotate('text' ,x=25,y=0.021,label = TeX('(1) $ \\delta > \\phi$' ))

# 当δ≥φ情形
df10 <- dgp_fn(delta=0.02,phi= 0.04)
ggplot(df10,aes(x=year,y = grY)) + geom_line()+ geom_line()+
theme(text=element_text(family="STKaiti",size=9))+
  theme_bw() +labs(x="年份",y="增长率")+
  annotate('text' ,x=25,y=0.022,label = TeX('(2) $ \\delta < \\phi$' ))
```

　　数值模拟结果如图 4-10 所示。其中，上面的图对应的参数为：$\delta =$ 0.02，$\phi = 0.01$，下面的图对应的参数为：$\delta = 0.02$，$\varphi = 0.04$。需要说明的是，这两个参数大小的具体数值不重要，只要两者保持大小排序，模拟的结论不会改变。从图中可见：

　　（1）当 $\delta \geq \phi$ 时，即人力资本的效率值较大时，去工业化引起的制造业就业占比的下降，经济增长率并没有下降的趋势，而是不断上升。

　　（2）当 $\delta < \phi$ 时，即人力资本的效率值较小时，去工业化引起的制造业就业占比的下降，会导致经济增长率出现近似"U"形的趋势，即在去工业化的初期，经济增长率下降，随着人力资本积累对两个部门的生产率贡献，两部门的生产率之和最终会上升，从而带动产出增长率上升。

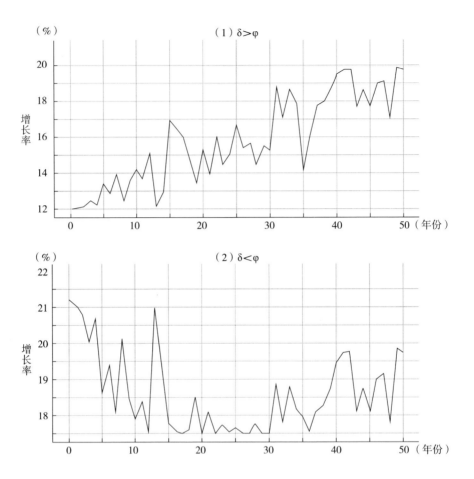

图 4-10 两种情形下去工业化对经济增长影响的模拟

注：grAM，grAS 分别为 A_M，A_S 的增长率，grDiff 为 A_M，A_S 的增长之差。图 A 为 $\delta > \phi$ 的情况，图 B 为 $\delta < \phi$ 的情况。

5

制造业占比下降引起的
去工业化及其影响

通常认为，制造业作为经济增长的引擎，其比例在经济行业中下降（又称为去制造业化），将对经济产生负面影响。正如，许多发达国家和地区二战后制造业规模不断下降，制造业就业机会不断减少，导致生产率不断下降。但是，制造业占比的下降也是一个经济体发展的自然表现，并不一定会导致对就业和收入增长产生负面影响。为了探讨制造业占比下降引起的去工业化问题，本章利用跨国数据进行分析制造业占比下降对经济的影响。

5.1 制造业占比变化的经济影响概况

5.1.1 数据说明

本章数据来自 Groningen 增长与发展中心。[①] GGDC 10（2015 年）部门生产率数据库提供了有关非洲，亚洲和拉丁美洲部门生产率绩效的长期国际可比数据集。数据集中涉及的变量是年度增加值系列、产出平均指数和 10 个广泛部门雇用的人员。GGDC 10 部门数据库由非洲 11 个国家、亚洲 11 个国家（地区）、中东和北非 2 个国家以及拉丁美洲 9 个国家的系列组成。为了进行比较，还添加了美国和 8 个欧洲等高收入国家的数据。时间跨度为 1950~2013

---

① Groningen Growth and Development Centre, https：//www. rug. nl/ggdc/productivity/10 - sector/，Timmer M. P., de Vries G. J. & de Vries, K. (2015). "Patterns of Structural Change in Developing Countries.". In J. Weiss & M. Tribe (Eds.), Routledge Handbook of Industry and Development. (pp. 65- 83). Routledge.

年，时间序列的开始日期和结束日期因变量和国家/地区而异。由于有些国家的数据缺失，本章采用 1960~2010 年的数据。该数据库涵盖了国际标准工业分类中定义的十个主要经济部门，具体为农业、采矿业、制造业、公共事业、建筑业、零售批发业、交通运输业、金融与商业服务业、其他服务业、政府服务业。变量包括各行业从业人数（千人）、以当年本国货币计算行业增加值（百万美元）、以 2005 年购买力平价计算的各行业增加值（百万美元）、以 2005 年购买力平价各行业劳动生产率数据。详细情况如表 5-1 所示。另外，本章这些样本国家的人均 GDP 和人均 GDP 增长率数据来自世界银行。

表 5-1　数据说明

经济活动分类 （ISIC rev. 3. 1 code）：	1. 农业，狩猎，林业和渔业（AGR）； 2. 采矿和采石（MIN） 3. 制造（MAN） 4. 电力、煤气和水的供应（PU） 5. 建筑（CON） 6. 批发和零售贸易，酒店和餐饮（WRT）； 7. 运输、储存和通信（TRA） 8. 金融、保险、房地产和商业服务（FIRE） 9. 政府服务（GOV） 10. 社区、社会和个人服务（OTH）
变量	就业人数（千人）； 按当前国内价格计算的总增加值（百万美元）； 按 2005 年不变价格计算的总增加值（百万美元）
国家和地区	撒哈拉以南非洲： 博茨瓦纳、埃塞俄比亚、加纳、肯尼亚、马拉维、毛里求斯、尼日利亚、塞内加尔、南非、坦桑尼亚和赞比亚 中东和北非： 埃及、摩洛哥 亚洲： 中国、中国香港、印度、印度尼西亚、日本、韩国、马来西亚、菲律宾、新加坡、中国台湾、泰国 拉丁美洲： 阿根廷、玻利维亚、巴西、智利、哥伦比亚、哥斯达黎加、墨西哥、秘鲁、委内瑞拉 北美： 美国 欧洲： 西德、丹麦、西班牙、法国、英国、意大利、荷兰和瑞典
时期	1950~2013 年

在 42 个国家（地区）样本中，1960～2010 年，平均经济增长率为
2.53%，制造业产出占比为 17.78%，制造业就业占比为 14.84%（见表 5-2）。
需要说明的是，表中数据为各国（地区）1960～2010 年平均数据，其中经济
增长率为人均国内生产总值的增长率，数据来自世界银行；制造业劳动生
产率为制造业增加值（2005 年不变美元价格）处于制造业就业人数，数据
来自 GGDC10。样本期间，国家之间的经济增长率差异较大，最高（中国）
达到年增长 6.8%，而最低（塞内加尔）仅为 -0.06%。在产业结构方面，
制造业产出与就业占比以及生产率在不同的国家间存在差异。

表 5-2　1960～2010 年 42 个样本国家（地区）经济增长描述

	国家和地区	经济增长率 （%）	制造业产出占比 （%）	制造业就业占比 （%）	地区
1	丹麦	2.13	21.95	20.83	欧洲
2	德国	1.90	31.34	32.32	欧洲
3	法国	2.36	16.18	20.22	欧洲
4	荷兰	2.32	16.67	18.54	欧洲
5	瑞典	2.20	16.08	22.92	欧洲
6	西班牙	2.92	19.61	19.86	欧洲
7	意大利	2.45	23.87	24.71	欧洲
8	英国	2.13	21.29	22.45	欧洲
9	阿根廷	1.38	28.98	18.74	拉丁美洲
10	巴西	2.49	20.02	13.02	拉丁美洲
11	秘鲁	1.43	17.54	12.05	拉丁美洲
12	玻利维亚	1.38	14.16	10.17	拉丁美洲
13	哥伦比亚	2.03	18.29	12.09	拉丁美洲
14	哥斯达黎加	2.12	18.15	15.31	拉丁美洲
15	墨西哥	1.80	18.95	17.91	拉丁美洲
16	委内瑞拉	0.34	15.66	13.61	拉丁美洲
17	智利	2.68	18.47	16.61	拉丁美洲
18	美国	2.07	12.37	17.05	北美洲
19	菲律宾	1.45	27.98	10.35	亚洲
20	韩国	6.57	19.14	19.71	亚洲
21	马来西亚	3.93	20.81	18.21	亚洲
22	日本	3.40	23.17	21.14	亚洲

	国家和地区	经济增长率 （%）	制造业产出占比 （%）	制造业就业占比 （%）	地区
23	中国台湾	NA	28.48	26.58	亚洲
24	泰国	4.52	24.53	9.20	亚洲
25	中国香港	4.82	7.17	22.88	亚洲
26	新加坡	5.43	24.61	24.55	亚洲
27	印度	2.92	15.57	10.30	亚洲
28	印度尼西亚	3.13	18.83	10.65	亚洲
29	中国	6.80	22.12	12.83	亚洲
30	埃及	3.12	20.09	13.09	中东和北非
31	摩洛哥	2.95	16.58	13.24	中东和北非
32	埃塞俄比亚	1.63	4.20	2.36	下撒哈拉非洲
33	博茨瓦纳	5.81	6.45	3.71	下撒哈拉非洲
34	加纳	0.50	13.24	11.74	下撒哈拉非洲
35	肯尼亚	1.25	11.14	6.86	下撒哈拉非洲
36	马拉维	1.54	10.43	3.16	下撒哈拉非洲
37	毛里求斯	3.65	21.41	23.86	下撒哈拉非洲
38	南非	0.96	20.59	13.62	下撒哈拉非洲
39	尼日利亚	1.38	3.05	4.87	下撒哈拉非洲
40	塞内加尔	0.06	15.93	6.88	下撒哈拉非洲
41	坦桑尼亚	1.90	9.78	1.69	下撒哈拉非洲
42	赞比亚	0.11	12.05	3.33	下撒哈拉非洲
	平均	2.53	17.78	14.84	

注：笔者根据 GGDC 10 数据计算所得。

表 5-3 1960～2010 年制造业占比与经济增长

地区	制造业就业占比 （%）	制造业增加值 占比（%）	人均 GDP 增长 率（%）	国家 （地区）数
北美洲	17.0	12.4	2.07	1
拉丁美洲	14.4	18.9	1.74	9
欧洲	22.7	20.9	2.30	8
非洲	7.46	11.7	1.70	11
亚洲	16.9	21.1	4.30	11
北非	13.2	18.3	3.03	2

注：笔者根据 GGDC 10 数据计算所得。

5.1.2 制造业增加值与就业占比变化

1960~2010 年，尽管样本国家的制造业增加值占比平均为 17.78%，但是不同国家（地区）的变化情况有较大差异。从各洲情况来看，各个产业占比的变化如表 5-4 所示。可以发现，非洲、亚洲和拉丁美洲的农业占比从 1960 年开始到 2010 年，都呈现出下降趋势；三个洲的总体工业占比都表现出先增加后下降的趋势；服务业占比一直处于增加状态。此外，工业中的制造业的占比变化有差异，非洲的制造业增加值占比较低，且基本没有增加（在 10% 左右）；拉丁美洲国家从 1960 年的 19% 增加到 1990 年的 23%，但是 2010 年时下降为 16%；亚洲国家从 1960 年的 22% 增加到 1990年的 27%，2010 年下降为 24%。

表 5-4　1960~2010 年各个行业增加值占比变化情况

地区	非洲				亚洲				拉丁美洲			
年份	1960	1975	1990	2010	1960	1975	1990	2010	1960	1975	1990	2010
农业	38	29	25	22	26	21	13	8	19	14	10	7
工业	24	30	33	28	30	35	38	36	33	38	39	37
采矿业	8	6	11	9	3	4	3	3	6	7	8	12
制造业	9	15	14	10	22	24	27	24	19	22	23	16
其他工业	7	7	7	9	6	7	8	8	8	9	8	9
服务业	38	41	43	50	43	44	49	56	48	48	54	56
市场服务	24	25	28	34	31	31	36	40	33	32	37	36
贸易与分销	21	21	23	25	24	24	26	27	26	24	26	24
金融服务	3	5	5	9	7	7	10	14	7	8	11	11
非市场服务	14	15	14	16	13	13	13	16	14	16	17	20
政府服务	11	12	12	12	7	7	7	8	4	5	7	8
其他服务	3	3	3	4	6	6	6	8	11	11	10	12
整个经济	100	100	100	100	100	100	100	100	100	100	100	100

资料来源：Timmer. Patterns of Structural Change in Developing Countries, GGDC Research Memorandum 149, 2014. 其他工业包括建筑业和共用事业，贸易与分销包含了交通服务，其他服务包括通信、个人和家庭服务。

表5-5 1960~2010年各个行业就业占比变化情况

地区	非洲				亚洲				拉丁美洲			
年份	1960	1975	1990	2010	1960	1975	1990	2010	1960	1975	1990	2010
农业	73	66	62	51	48	43	32	21	47	34	25	14
工业	9	13	14	13	19	23	26	23	21	24	24	22
采矿业	2	1	2	1	1	1	1	0	2	1	1	1
制造业	5	8	9	7	15	18	19	15	14	15	15	12
其他工业	3	4	4	4	4	5	6	8	5	7	7	9
服务业	18	21	24	37	33	34	42	56	32	42	41	64
市场服务	9	10	13	23	20	21	28	37	16	21	27	40
贸易与分销	8	9	17	20	18	18	23	28	13	17	22	31
金融服务	1	1	1	3	2	3	5	9	3	4	5	9
非市场服务	9	10	11	13	13	13	15	18	17	21	24	25
政府服务	4	4	6	8	6	6	7	8	4	6	7	7
其他服务	5	6	5	5	7	7	8	10	12	15	77	17
整个经济	100	100	100	100	100	100	100	100	100	100	100	100

资料来源：Timmer. Patterns of Structural Change in Developing Countries, GGDC Research Memorandum 149, 2014.

关于制造业就业水平量的情况，在42个国家（地区）样本中，1960~2010年，欧洲发达经济体平均为22.7%，美国为17%，亚洲11个国家平均为16.9%，但是，经济发展较缓慢的拉丁美洲和非洲国家，制造业就业占比较低，如下撒哈拉非洲国家的平均占比为7.46%（见表5-3），这种制造业就业占比的特征和这些国家的经济发展模式高度相关。从各个行业的变化情况来看（见表5-5），样本中的亚洲、非洲和拉丁洲美国家的农业中就业占比明显下降，如拉丁美洲国家从1960年的47%下降到2010年的14%，亚洲国家从1960年的48%下降到2010年的21%，而非洲国家的农业就业占比有所下降，但是50%以上的就业人口在农业中。亚洲、非洲和拉丁美洲国家服务业的就业占比普遍增加，而制造业就业占比呈现出一定的先增加后下降的趋势。

在对样本中具体国家的分析中我们发现，这些国家制造业占比变化的动态特征存在较大差异。如图5-1所示，实线为制造业就业占比变化，虚线为制造业增加值占比变化。大致有三种趋势:一是制造业占比处于上升态势,如多数亚洲国家,特别是中国;二是制造业占比处于下降趋势,多为发达经济体,如欧洲和美国以及中国香港;三是制造业占比变化不大,或者呈现一定程度的下降趋势,如部分非洲、拉丁美洲国家,出现了文献中"过早的去工业化"现象,即工业化过程还没有完成,就出现了去工业化问题,从而可能导致经济增长停滞。

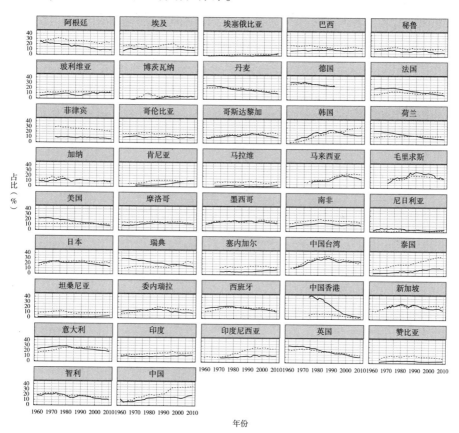

图5-1　1960~2010年制造业占比动态变化(实线为就业占比,虚线为产出占比)

5.1.3　制造业占比变化与经济增长关系

使用GGDC 10行业数据的目的是分析产业结构变化的模式,发现制造业占比变化对经济的影响。粗略地看,经济增长速度的差异和产业结构及生产率有很大关系。图 5-2 简要概述样本国家（地区）的经济增长率和制造业的生产率关系，对于亚洲和欧洲国家来说，两者有较强的正相关关系，而其他类型的国家之间，两者的关系并不明显，或者说存在一种负相关。即对于具有较高制造业劳动生产率的国家来说，制造业生产率和人均 GDP 的增长呈正相关，而对于较低制造业劳动生产率的国家来说，制造业生产率和人均 GDP 的增长不相关或在一定程度的负相关。这在一定程度上验证了前面章节分析的制造业与经济增长之间的非线性关系。

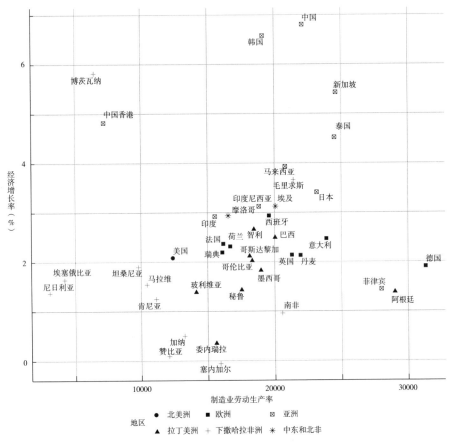

图 5-2　制造业生产率与经济增长率关系

注：数据为各国（地区）1960~2010 年平均数据，其中经济增长率为人均国内生产总值的增长率，数据来自世界银行；制造业劳动生产率为制造业增加值（2005 年不变美元价格）除以制造业就业人数，数据来自 GGDC 10。

　　另外，作为去工业化的一个重要的特征，制造业就业占比的下降，其经济影响是多方面的，其中和经济增长缓慢相关。从表 5-3 可以看出，较低制造业就业占比的国家，其人均 GDP 增长率也较低。1960~2010 年，样本中的拉丁美洲国家的人均 GDP 增长率只有 1.74%，下撒哈拉非洲国家的人均 GDP 增长率为 1.7%。这两者的相关关系也可以从图 5-3 制造业就业占比与经济增长关系看出。从图中可以发现，制造业就业占比与人均 GDP 增长率大致上为正相关，非洲国家基本在图形的左下角，低经济增长率和低制造业就业占比，而欧洲和部分亚洲国家则相反。这两者的相关性也和前面的理论分析是一致的。但是，这里分析的只是静态平均变量之间的关系，没有分析不同国家产业结构动态变化的情况。

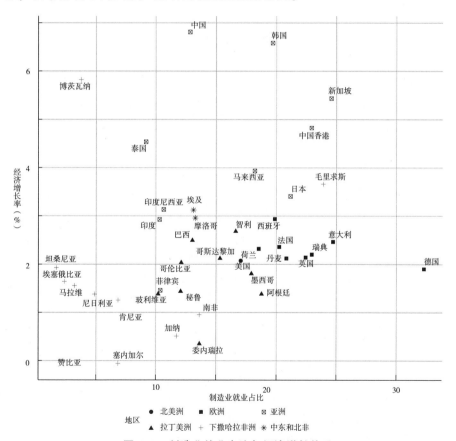

图 5-3　制造业就业占比与经济增长关系

注：数据为各国（地区）1960~2010 年平均数据，其中经济增长率为人均国内生产总值的增长率，数据来自世界银行；制造业就业占比为制造业就业人数除以总就业人数，数据来自 GGDC 10。

从以上数据的描述性分析可以发现,第二次世界大战后制造业比例扩大导致了亚洲、非洲和拉丁美洲的经济增长加速。但是,在20世纪70年代中期和80年代中期,非洲和拉丁美洲的这种结构变化过程停滞了。在90年代增长反弹时,这些国家工人主要转移到市场服务行业,如零售贸易和分销。尽管此类服务的生产率比大多数农业更高,但它们在技术上一直落后于世界前沿国家。尽管工人从低于平均水平的生产率转向高于平均水平的生产率行业,但是,生产率水平高于平均水平的行业生产率低于平均行业水平的增长。非洲和拉丁美洲的这种经济结构变化模式(制造业占比下降)对生产力增长产生重大效率损失。

5.1.4 制造业就业占比的阈值

上面对制造业就业占比和其他经济变量的关系进行描述性统计后,我们自然会问:制造业就业占比多大是合适的?具体来说,这个比例是否存在一个阈值,从而影响一国收入增加的步伐,或者决定是否能进入富裕国家行列?

为了分析一国制造业就业份额峰值对人均收入的影响,Felipe等(2019)从两个方面进行了探析:一是能否找到一个制造业产出和就业份额的历史峰值的阈值,将发达国家与其他国家区分开来;二是通过生存分析研究工业化和实现富裕国家地位之间的动态关系。如果一个国家2005~2010年的人均国内生产总值超过了1.2万美元的临界值,就将其划分为富裕国家,这也符合世界银行对高收入经济体的定义。其结论为一国的就业工业化对其进入富裕国家的重要性远大于产出工业化,就业工业化常常是一个国家变得富裕的必要条件。换句话说,制造业(工业)的就业在所有行业中占比要超过一定数值,否则难以达到富裕国家的水平。

为了得出制造业就业占比对人均收入变化影响的阈值,Felipe等使用和本章类似GGDC 10扩展版的数据库,有63个国家的部门就业、产值和收入数据(国家名单见表5-6),时间跨度为1950~2010年。在样本中,41.3%的国家收入超过了1.2万美元。Felipe等的分析发现,1950~2010年,一个国家要想实现人均收入达到6000美元,其制造业就业占比要超过16%;人均收入要超过1.2万美元,其制造业就业人数占比必须超过18%;人均收入要超过2万美元,其制造业就业占比必须超过24%。当然,制造业就业比例只是人均收入达到某个水平的必要条件。尽管制造业就业占比18%还不足以让一个国家成为高收入国家，但在那些达到这一比例的国家中，绝大多数现在都称为高收入国家。样本中有55.6%国家的制造业就业份额达到了18%的阈值，44.4%的国家没有达到这个阈值。也就是说，18%是制造业就业占比的一个阈值，低于这个阈值，没有哪个国家超过1.2万美元。

表5-6 制造业的行业占比阈值

		制造业就业行业占比是否超过18%	
		就业非工业化（0/28 富裕国家）	就业工业化（26/35 个富裕国家）
制造业增加值行业占比是否超过20%	产出非工业化（16/35 个富裕国家）	孟加拉国、玻利维亚、博茨瓦纳、哥伦比亚、埃及、印度、肯尼亚、马拉维、摩洛哥、尼日利亚、巴基斯坦、巴拿马、秘鲁、塞内加尔、叙利亚、坦桑尼亚、委内瑞拉、赞比亚（0/18 个高收入国家）	奥地利*、比利时*、加拿大*、丹麦*、法国*、希腊*、中国香港*、意大利*、卢森堡*、墨西哥、荷兰*、葡萄牙*、西班牙*、瑞典*、瑞士*、英国*、美国*（16/17 个高收入国家）
	产出工业化（10/28 个富裕国家）	巴西、智利、中国、加纳、洪都拉斯、印度尼西亚、菲律宾、南非、苏里南、泰国（0/10 个高收入国家）	阿根廷、澳大利亚*、哥斯达黎加、萨尔瓦多、芬兰*、危地马拉、爱尔兰*、日本*、韩国*、马来西亚、毛里求斯、挪威*、波兰、波多黎各*、罗马尼亚、圣马力诺*、新加坡*、特立尼达*、多巴哥*（有 10/18 个高收入国家）

资料来源：数据来自 Felipe 等（2019）。带星号的国家在 2005~2010 年的人均 GDP 超过 12000 美元（按 2005 年美元价格计算），按照世界银行的标准被视为富裕国家。

是不是制造业增加值的行业占比也存在类似的阈值，决定着一国是否能进入高收入国家呢？12%似乎是这样一个值，但结果并不显著，反而，制造业增加值占比为20%是一个为更多人所接受的工业化标准。

根据制造业增加值和就业占比的峰值，可以定义两类工业化：一类是就业工业化，另一类是产出工业化。前者是指一国的制造业的就业行业占比是否超过18%的阈值，后者是指一国的制造业增加值的行业占比是否超过 20% 的标准值。根据这两种分类有四种组合：产出非工业化和就业非工业化、产出非工业化和就业工业化、产出工业化和就业非工业化、产出工业化和就业工业化。从表 5-6 列出来的 63 个样本国家在这四种组合的分布情况可以得到一些重要信息：

（1）在 28 个就业未工业化的国家中，无论产出是否实现工业化，没有一个在 2005~2010 年进入高收入（富裕）国家，而 35 个产出非工业化的国家中情形就不一样，其中 16 个就业工业化的国家达到高收入标准，就业非工业化的国家没有一个达到高收入标准。

（2）在 35 个就业工业化的国家中，有 26 个国家进入高收入国家的行列，其中 17 个产出非工业化国家却有 16 个为高收入国家，而 18 个产出工业化的国家中只有 10 个国家的人均收入达到高收入标准。

初看起来，上述结论似乎是矛盾的，不好理解。其实，在产出非工业化和就业工业化的组合中，基本上人均收入达到了高收入国家标准，其原因之一是这些国家的技术进步，制造业生产率发展，产业结构发生变化，制造业增加值（产出）在全行业中的份额已经进入下降的阶段，服务业的比例不断上升，但是整个经济中在制造业就业人数比例一直保持在一定的范围内（如大于 18%），这样工人能够享受经济发展带来的红利，人均收入能够保持不断增长；相反，在产出工业化和就业非工业化组合中，虽然制造业的产值占整合经济的比例超过了 20%，但是制造业的就业人数比例却低于 18%，也就是说，这些国家制造业的就业没有和产出同步增长，从制造业转移出来的工人进入生产率更低的服务业，获得的收入也较低，因而整个国家的人均收入增长就会较为缓慢，或者陷入所谓的"贫困陷阱"或"中等收入陷阱"，也就难以达到高收入标准。

综上所述，决定一个国家是否能进入高收入国家的行列，一个重要的条件是该国制造业就业在所有行业中占比是否能保持一个合理的水平，如 18% 的阈值。

5.2 制造业就业占比变化的影响因素

由于去工业化通常被定义为制造业就业量占整个行业就业比例（以下

简称"就业占比")下降，下面以制造业就业占比变化情况来分析去工业化产生的不同原因。

5.2.1　制造业就业占比变化的三种效应分解

为了探讨不同国家去工业化的影响因素，参考 Tregenna（2011）的方法将制造业就业变化分为三种效应：劳动密度效应、制造业部门增长效应和总劳动生产率效应。目的是分析制造业就业变化多少是由制造业整体发展引起的、多少是由制造业劳动密集程度引起的、多少是由经济的总生产率变化导致的。

首先，我们做如下定义：

（1）L_{ijt} 表示国家 j 的行业 i（制造业）在时间 t 内的就业量，L_{jt} 为国家 j 在时期 t 内的总就业量，即 $L_{jt} = \sum_{i=1}^{n} L_{ijt}$。

（2）Q_{ijt} 为表示国家 j 的制造业在时期 t 内的增加值。令 $\phi_{ijt} \equiv \dfrac{L_{ijt}}{Q_{ijt}}$ 为制造业的劳动密度，$\dfrac{1}{\phi_{ijt}} = \dfrac{Q_{ijt}}{L_{ijt}}$ 为制造业的劳动生产率。也就是说，劳动密度为劳动生产率的倒数。$\delta_{ijt} \equiv \dfrac{Q_{ijt}}{Q_{jt}}$ 为该国制造业的增加值占比，被定义在时期 t 中的制造业增加值占国家各行业总增加值的比例。

（3）令 θ_{jt} 为该国（地区）在时期 t 中的总体劳动生产率，即 $\theta_{jt} \equiv \dfrac{Q_{jt}}{L_{jt}}$。可见，总体劳动生产率等于同期该国行业总增加值除以总就业量。

（4）定义 $\sigma_{ijt} \equiv \dfrac{L_{ijt}}{L_{jt}}$ 为国家 j 行业 i（制造业）在时期 t 中制造业就业占整个行业就业比例。

$$\begin{aligned} \sigma_{ijt} &\equiv \frac{L_{ijt}}{L_{jt}} = \frac{L_{ijt}}{Q_{ijt}} \frac{Q_{ijt}}{Q_{jt}} \frac{Q_{jt}}{L_{jt}} \\ &\equiv \phi_{ijt}\, \delta_{ijt}\, \theta_{jt} \# \end{aligned} \tag{5-1}$$

从式（5-1）可以发现，制造业就业占比可以表示劳动密度率、制造业增加值占比和总生产率三者的乘积。相应地，从时期 $t-h$ 到时期 t，国家 j

的制造业就业占比的变化量定义为:

$$\Delta \sigma_{ij} \equiv \phi_{ijt} \delta_{ijt} \theta_{jt} - \phi_{ijt-h} \delta_{ijt-h} \theta_{jt-h} \# \qquad (5-2)$$

根据 Tregenna（2011）的分解方法，式（5-2）可以进一步分解三种就业变化量之和，即劳动密度变化（$\phi_{ijt} - \phi_{ijt-h}$）引起的制造业就业变化量，制造业增加值占比变化（$\delta_{ijt} - \delta_{ijt-h}$）引起的制造业就业变化量，以及总生产率变化（$\theta_{jt} - \theta_{jt-h}$）引起的制造业就业变化量。经过适当的数学变换，式（5-2）可以转换为如式（5-3）所示的表达式。

$$
\begin{aligned}
\Delta \sigma_{ij} = &(\phi_{ijt} - \phi_{ijt-h}) \frac{(\delta_{ijt-h} \theta_{jt-h} + \delta_{ijt} \theta_{jt})}{2} + \\
&(\delta_{ijt} - \delta_{ijt-h})\left(\frac{\theta_{jt-h} + \theta_{jt}}{2}\right)\left(\frac{\phi_{ijt-h} + \phi_{ijt}}{2}\right) + \\
&(\theta_{jt} - \theta_{jt-h})\left(\frac{\delta_{ijt-h} + \delta_{ijt}}{2}\right)\left(\frac{\phi_{ijt-h} + \phi_{ijt}}{2}\right) \#
\end{aligned}
\qquad (5-3)
$$

式（5-3）中，左边是制造业就业占比从时期 $t-h$ 到时期 t 内的变化水平，右边三项为三种不同原因引起的制造业就业占比变化，它们分别为劳动密度效应、制造业增加值占比效应和总体劳动生产率效应。当然，式（5-3）也有另外两种变换方法，其形式都相似，也可以将其分为三种效应，只是数值上稍有差异。我们可以将式（5-3）和另外两种类似的分解左右两边加总起来，然后除以 3，求得平均意义上的制造业就业占比变化的分解效应，具体见 Tregenna（2011）的详细推导。

其一，劳动密度效应（Labour-Intensity Effect，LIE）反映制造业劳动密度改变对制造业就业占比的影响。由于劳动密度为劳动生产率的倒数，所以制造业就业量的劳动密度效应也反映了制造业的生产率的变化对制造业就业的影响程度。其计算公式为:

$$LIE_{ijt} = \frac{1}{6}(\phi_{ijt} - \phi_{ijt-h})\{(\delta_{ijt-h} \theta_{jt-h} + \delta_{ijt} \theta_{jt}) + (\theta_{jt-h} + \theta_{jt})(\delta_{ijt-h} + \delta_{ijt})\}$$

其二，行业占比效应（Sector Share Effect，SSE）反映制造业增加值占 GDP 比例改变对制造业就业占比变化的影响，其计算公式为:

$$SSE_{ijt} = \frac{1}{6}(\delta_{ijt} - \delta_{ijt-h})\{(\phi_{ijt-h} \theta_{jt-h} + \phi_{ijt} \theta_{jt}) + (\theta_{jt-h} + \theta_{jt})(\phi_{ijt-h} + \phi_{ijt})\}$$

其三，总体劳动生产率效应（Aggregate Labour-Productivity Effect，APE）反映该国全行业整体生产率改变对制造业就业占比的影响，其计算公式为：

$$APE_{ijt} = \frac{1}{6}(\theta_{jt} - \theta_{jt-h})\{(\phi_{ijt-h}\,\delta_{ijt-h} + \phi_{ijt}\,\delta_{ijt}) + (\delta_{ijt-h} + \delta_{ijt})(\phi_{ijt-h} + \phi_{ijt})\}$$

因此，一个国家制造业就业占比变化的分解可表示为：

$$\Delta\sigma_{ij} = LIE_{ijt} + SSE_{ijt} + APE_{ijt} \tag{5-4}$$

根据传统的去工业化定义，"去工业化"为制造业就业在整个行业中比例下降，也就是说，$\Delta\sigma_{ij} < 0$。从式（5-4）分解来看，这种去工业化的产生有三种可能的原因，即制造业就业占比的下降可能是由于制造业的生产率的提高导致劳动密度效应（右边第一项）下降，也可能是由于制造业行业增长萎缩其吸纳就业人数（第二项行业占比效应）下降而导致的，也可能来自整个经济体生产率的下降导致制造业就业占比（第三项总体劳动生产率效应）下降。如果仅将制造业就业量下降归为一种原因，将导致误解制造业的发展情况。

5.2.2 结果与解释

下面继续使用本章第 1 节中的 GGDC 10 部门数据库，数据时间为1980～2010 年，由于欧洲数据不全，没有包括在内，因而共 34 个国家（地区），$t-h = 1980$，$t = 2010$，$i =$ 制造业。表 5-7 列出了 34 个样本国家 1980～2010 年制造业占整体经济行业就业比例变化的三种效应分解情况。

（1）从表中数据正负来看，在 34 个国家（地区）样本中，1980～2010 年，有 22 个样本的制造业就业占比变化（见表 5-7 第 3 列）为负，24 个样本的劳动密度效应为负，21 个样本的行业占比效应为负，7 个样本的总体劳动生产率效应为负。也就是说，近65%的样本在这段时期内制造业就业占全行业的比例下降。按照文献中的经典定义，这些国家（地区）在这短时期内出现了"去工业化"现象。但是，从三种效应分解来看，其原因并不完全相同。

（2）在制造业就业占比为负的样本中，除哥伦比亚、巴西、委内瑞拉外，基本上相应的劳动密度效应（见表 5-7 第 4 列）为负，即劳动密度下降引起制造业就业比例下降。这说明大多数国家（地区）的制造业就业占比的下降，一部分原因是制造业本身生产率上升引起的劳动密度下降进而导致的负面影响。

（3）亚洲、非洲、拉丁美洲国家中，制造业就业占比下降有三种情况：一是主要源自制造业劳动密度减少引起的就业下降，如加纳、毛里求斯、尼日利亚、南非、中国香港、日本、韩国、中国台湾、阿根廷、智利、巴西、哥斯达黎加、美国、摩洛哥、埃及等。二是主要源自行业占比效应为负的国家和地区，如南非、赞比亚、菲律宾、秘鲁、委内瑞拉等。说明这些国家的去工业化很大原因是制造业本身的增加值相对其他行业占比下降了，从而导致制造业就业占比的减少。三是源自三种效应都为负的国家和地区，如墨西哥、秘鲁等。也就是说，这个国家的去工业化现象是三种原因叠加的结果。

（4）除肯尼亚、塞内加尔、玻利维亚、巴西、秘鲁、墨西哥、委内瑞拉国外，其他国家和地区的总体劳动生产率效应都为正，说明这些国家的总体劳动生产率提高还是促进了制造业就业占比的增加，如果它们还有去工业化现象，那一定是其他两个方面效应所引起的。

表5-7　制造业就业占比变化的三种效应分解

国家和地区	地区	制造业就业占比变化	（1）劳动密度效应	（2）行业占比效应	（3）总劳动生产率效应
博茨瓦纳	下撒哈拉非洲	0.050	0.011	0.008	0.031
埃塞俄比亚	下撒哈拉非洲	0.046	0.025	0.010	0.011
加纳	下撒哈拉非洲	−0.036	−0.039	−0.070	0.073
肯尼亚	下撒哈拉非洲	0.093	0.098	−0.003	−0.001
马拉维	下撒哈拉非洲	0.011	0.003	0.000	0.007
毛里求斯	下撒哈拉非洲	−0.022	−0.249	0.004	0.223
尼日利亚	下撒哈拉非洲	−0.024	−0.042	0.001	0.017
塞内加尔	下撒哈拉非洲	0.045	0.051	−0.003	−0.003
南非	下撒哈拉非洲	−0.046	−0.034	−0.036	0.024
坦桑尼亚	下撒哈拉非洲	0.017	0.012	−0.003	0.008
赞比亚	下撒哈拉非洲	−0.004	−0.010	−0.011	0.017
中国	亚洲	0.054	−0.987	0.221	0.819
中国香港	亚洲	−0.341	−0.430	−0.327	0.416
印度	亚洲	0.025	−0.156	0.028	0.153

续表

国家和地区	地区	制造业就业占比变化	（1）劳动密度效应	（2）行业占比效应	（3）总劳动生产率效应
印度尼西亚	亚洲	0.029	−0.094	0.052	0.072
日本	亚洲	−0.073	−0.197	0.002	0.122
韩国	亚洲	−0.040	−0.630	0.225	0.365
马来西亚	亚洲	0.040	−0.212	0.095	0.157
菲律宾	亚洲	−0.031	−0.022	−0.026	0.017
新加坡	亚洲	−0.115	−0.311	−0.012	0.208
中国台湾	亚洲	−0.042	−0.371	−0.074	0.403
泰国	亚洲	0.058	−0.141	0.071	0.128
阿根廷	拉丁美洲	−0.094	−0.078	−0.030	0.014
玻利维亚	拉丁美洲	0.019	0.047	−0.012	−0.016
巴西	拉丁美洲	−0.006	0.023	−0.020	−0.009
智利	拉丁美洲	−0.077	−0.126	−0.028	0.077
哥伦比亚	拉丁美洲	−0.007	0.006	−0.027	0.014
哥斯达黎加	拉丁美洲	−0.036	−0.053	0.009	0.008
墨西哥	拉丁美洲	−0.043	−0.003	−0.003	−0.037
秘鲁	拉丁美洲	−0.028	−0.003	−0.015	−0.010
委内瑞拉	拉丁美洲	−0.065	0.004	−0.013	−0.056
美国	北美洲	−0.105	−0.143	−0.016	0.054
摩洛哥	中东和北非	−0.012	−0.036	−0.027	0.050
埃及	中东和北非	−0.019	−0.083	−0.013	0.077

资料来源：笔者根据 DDGC 10 数据计算得到。数据时间为 1980~2010 年，欧洲数据不全，没有列在表格中。

综上所述，制造业就业（水平或占比）下降可能源于劳动密度改变，也可能源于制造业产业（水平或占比）下降，或者整个劳动生产率的变化，而且这三种情形下的制造业就业下降有不同的原因、结果和政策建议。首先，如果在制造业实际产出是增加的情况下，制造业的劳动密度下降是由于外生原因如技术进步制造业的劳动生产率提高，或者资本密集度加强，引起制造业的劳动密度下降，从而使制造业就业占比下降，则这种"去工业化"现象不一定对经济增长有负面影响。具体来说，各国引起制造业劳动密集度下降的原因各不相同，这种"去工业化"对增长是否有影响取决于具体的情况。其次，如果制造业就业占比下降主要是由于制造业在 GDP 中的比重下降（或制造业萎缩），那么，该国经济将面临失去制造业作为经济增长引擎的风险。最后，如果去工业化主要是由于整个劳动生产率下降导致，那么主要由于制造业劳动密集度下降引起的制造业就业占比下降，称为"去工业化"并不恰当。对于制造业在一个国家角色的变化，如果仅用制造业就业占比的下降来度量，其反映的情况可能会不全面。换句话说，使用制造业就业占比和制造业增加值占比的持续下降来定义去工业化会更准确，也能更好地理解近年来以美国为首的发达国家实行的"再工业化"政策。

6

过早的去工业化及其经济影响

本章主要分析发展中国家的一种特殊的结构变化——过早的去工业化——出现的机理和影响。首先介绍过早的去工业化的一些基本理论。其次简要回顾经典的卡尔多增长法则。再次介绍本章实证研究的数据和估计方法，并讨论了计量实证结果。最后分析两个经典的过早去工业化的案例。

6.1　过早的去工业化

我们在前面的章节多次提到"过早的去工业化"概念，并指出其可能的负面影响。本节我们将较为正式地分析其概念内涵、特征、原因和影响。

6.1.1　概念、特征和影响

近年来，过早的去工业化作为结构改变的一种特殊形式，在学术中广受关注（Rodrik，2016；Palma，2014）。过早的去工业化是指相对于正常的去工业化而言，发展中国家（地区）的去工业化的开始时间过早或变化程度过大，从而产生对经济非常不利影响的一种结构变化。Rodrik（2016）将过早的去工业化定义为一个国家的经济在没有经历充分的工业化的情况下向服务经济转型所经历的去工业化。

早期结构变化的文献主要讨论发达经济的去工业化问题，即制造业就业占比下降导致的失业上升、不平等加剧和创新能力下降等问题。Dasgupta和Singh（2006）首次使用了"过早的去工业化"这一术语。之所以称其为"过早的去工业化"，是因为当发展中国家处于工业化的高峰期时，发展中国家的人均收入水平大大低于发达国家的人均收入时就发生了去工业化。这些国家早期农业部门的比例下降，制造业占比不断增加，但是在很短的时间内，本国的制造业（工业）在做大做强之前，经济已经转向了以服务业为主，即这些国家在未经历既定的工业化进程的情况下转变为服务型经济。也有学者从制造业对总劳动力的贡献方面定义过早的去工业化，如 Tragenna（2015）认为，当一国人均 GDP 水平较低情形下制造业对就业和 GDP 的贡献水平低于一般国际水平，就会出现过早的去工业化。

发生过早的去工业化的原因是多方面的，各国情况各异。但是，共同原因有以下几个方面：一是，全球制造业就业和产出份额在 1970~2015 年期间相对稳定，如果一些国家的制造业在世界市场的占比较大，增长较快，其他一些国家的制造业的市场需求就会降低。二是，尽管外国资本、技术可以为国内的工业化提供替代要素，但外国投入的效率取决于本国的公共基础设施的投入。许多撒哈拉以南非洲国家，由于基础设施落后，阻碍了对制造业的投资和升级，从而影响其制造品在国际市场上的竞争力。三是，全球化本身固有的杠杆效应。通过开放的全球商品市场，大量的国际资源（如资本和技术）可以转移到具有公共基本面更强的国家，以扩大各个国家在制造业方面的优势差异。这种现象在全球供应链的重新分配中尤为明显。而本来制造业竞争力弱的国家在全球化中会变得更弱。

去工业化是一种病态现象，还是仅是经济自然成熟和发展的一部分？过早的去工业化对经济增长有影响吗？这些问题的答案部分取决于增长在多大程度上和特定行业相关。如果经济增长是行业（部门）中性的，也就是说，经济增长不取决于增加产出所在的部门，那么行业结构变化就不一定会对增长产生影响；相反，如果增长是特定行业相关的，那么行业结构的变化可能会影响经济增长。从卡尔多定理角度来看，制造业被认为在边干边学、提高规模收益和总体累积生产率增长、与国内经济其他部分的强增长拉动联系、技术进步和其他特征方面具有优势，这些特征赋予它作为增长引擎的特殊作用。这意味着制造业在一个经济体中所占份额的过早下降可能会降低一个国家的增长前景，尤其是在中长期。在经济方面，它减少了经济增长的潜力以及与发达国家收入水平趋同的可能性。具体来说包括以下几个方面：

首先，过早的去工业化将导致制造业作为一国经济增长的引擎所带来的收益减少，因此会阻碍经济增长的前景。根据 Dasgupta 和 Singh（2006）实证计量结果，制造业在经济增长中发挥着关键作用。虽然在服务业中也发现了类似的结果，但他们认为，就模型的因果解释而言，服务业不一定扮演着与制造业类似的增长引擎角色。因为通常较高的收入与较高的制造业产出和就业水平之间存在正相关关系，当工人离开制造业部门进入服务部门和其他非制造业活动时，这种相关性最终变为负值。

其次，过早的去工业化有可能威胁到服务业替代发动机增长的潜力。在成熟的去工业化过程中，成长中的服务业可能具有制造业所拥有的经济增长驱动的属性（如递增的规模收益、生产率不断增加、与其他行业的紧密关系、技术进步等）。但是，当发生过早的去工业化时，可能取代制造业的服务业活动的技能更低，且难以实现规模收益。

最后，过早的去工业化会降低工业化峰值时的人均收入水平。哈佛大学经济学罗得里克（Rodrik）教授是研究过早的去工业化的一位权威学者，在 2016 年的经典文献中，他发现制造业就业或产出份额与人均收入水平之间关系的倒"U"形峰值点有所下降，与西欧国家的工业化顶峰时期为14000 美元（按 1990 年的固定美元价格计算）相比，近年来许多低收入国家的工业化峰值出现时人均收入仅为 700 美元。Palma（2014）在中低收入国家发现了类似的情况，制造业就业开始减少使人均收入水平下降，去工业化程度比预期的要大，并认为这是"荷兰病"现象的特例。另外，1950年，发展中国家制造业在国内生产总值中的平均份额仅为 12%，远低于发达经济体 29% 的平均份额，到 20 世纪 80 年代初，不少发展中国家制造业在国内生产总值中的份额从未超过 18% 的峰值，远低于发达经济体 30% 的峰值（Szirmai 和 Verspagen，2015）。

6.1.2 检验"过早的去工业化"的相关分析

由于出现过早的去工业化的发展中国家的制造业份额峰值和收入水平低于发达国家相应指标，所以，检验过早的去工业化是否发生的最简单方法是检验制造业份额的峰值水平和相应的收入之间的关系。如果制造业份额的峰值水平和相应的收入水平之间成正比，说明存在过早的去工业化现象，因为有些国家在人均收入水平较低时，其制造业的增加值（就业）占比就出现了峰值，而另外一些国家（主要高收入的）则在人均收入水平较高时才出现制造业占比的峰值。

下面仍然使用第 5 章的 GGDC 10（2015 年）部门数据库，共 42 个国家，时间为 1960~2010 年。人均产出数据来自世界银行。由于部分数据缺失，这里没有使用中国台湾、美国以及欧洲国家的数据。

首先，我们检验制造业增加值占整个产出的比例在样本期间的最大值（峰值）与对应年份的人均实际产出的关系。两者的散点图如图 6-1 所示，从中可以发现，1960~2010 年，样本国家的制造业增加值占比和对应年份的人均实际产出成正比关系，说明在样本国家中存在过早的去工业化现象，特别是非洲和拉丁美洲一些发展中国家位于图形的左下角。

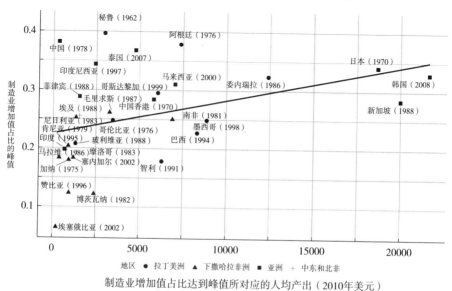

图 6-1　制造业增加值占比的最大值与相应人均产出关系

资料来源：笔者根据 GGDC 10（2015 年）部门数据库计算绘制图形，图中国家（地区）括号里面的年份为制造业产出占比达到峰值的年份。

其次，本章对去工业化文献中更为关注的制造业就业占比的峰值进行分析，结果仍然相似。从图 6-2 可以看出，制造业就业占比的峰值和相应年份对应的人均实际产出之间出现更强的正相关关系。这样进一步说明，样本国家（地区）中存在过早的去工业化现象。

从上面的分析来看，大量的发展中国家的制造业占比的峰值在人均收入较低时就出现了，也就是说，人均收入较低时制造业占比就开始下降了，相对于发达经济体，这些国家过早地发生了去工业化，从而人均收入过早面临增长动力不足的风险。

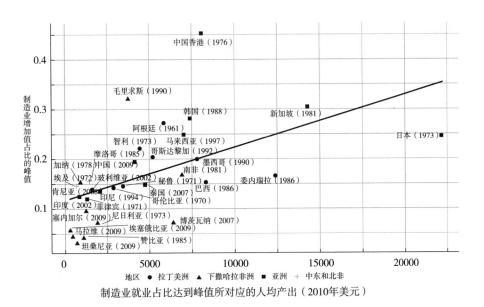

图 6-2　制造业就业占比的最大值与相应人均产出关系

资料来源：笔者根据 GGDC 10（2015 年）部门数据库计算绘制图形，图中国家（地区）括号里面的年份为制造业就业占比达到峰值的年份。

6.1.3　检验"过早的去工业化"的计量分析

前面的分析虽然直观明了，但是不够正式。下面我们使用面板模型分析随着时间变化的去工业化，以此来检验过早的去工业化现象。Haverkamp 和 Clara 使用类似方法研究了 20 世纪 60~90 年代制造业产出部门份额与人均收入之间的关系，发现制造业部门份额的峰值水平和相应的收入随时间下降（Keno Haverkamp 和 Michele Clara，2019）。这主要归因于以下事实：制造业就业份额的峰值水平和最近工业化国家的相应收入均低于早期工业化国家的水平（Rodrik，2016）。

首先，我们估计下面的面板模型来量化分析人均产出与制造业产值占比之间的关系，以此验证去工业化的存在。

$$ManVaShare_{it} = \beta_0 + \beta_1 \ln(perGPD_{it}) + \beta_2 \left[\ln(perGDP_{it})\right]^2 +$$
$$\beta_3 \ln(pop_{it}) + \beta_4 \left[\ln(pop_{it})\right]^2 + \varepsilon_{it} \qquad (6\text{-}1)$$

其中，$ManVaShare_{it}$ 为国家（地区）i 在第 t 年的制造业增加值占比，$perGPD_{it}$ 为国家（地区）i 在第 t 年的人均产出（2010 年不变美元），pop_{it} 国家（地区）i 在第 t 年的人口总数量（千人）。我们主要关注的是人均实际 GDP 对数及其平方对数的估计系数（β_1，β_2）的符号。实际人均 GDP 对数参数估计的符号为正（$\beta_1 > 0$），其平方的参数估计为负（$\beta_2 < 0$），表明收入和制造业份额之间的关系可以绘制为倒"U"形的图形，并且制造业份额在一定收入水平达到顶峰。考虑到国家的个体因素的差异和时期影响，我们在模型（6-1）的基本模型中增加个体效应和时间效应。如果估计出系数 β_1、β_2，根据模型（6-1）可求出制造业占比为峰值时对应的人均实际收入值，即 $perGDP^* = \exp(-\dfrac{\beta_1}{2\beta_2})$。如果某个国家在制造业占比达到峰值时，对应的人均实际收入水平小于整个样本峰值对应的人均实际收入，可以说这个国家出现了过早的去工业化现象。

其次，为了检验过早的去工业化现象，我们在模型（6-1）的基础上增加时期的哑变量，分析不同时期对制造业占比变化的影响方向和大小。

$$ManVaShare_{it} = \beta_0 + \beta_1 \ln (perGPD_{it}) + \beta_2 [\ln(perGDP_{it})]^2 + \beta_3 \ln (pop_{it}) +$$
$$\beta_4 [\ln(pop_{it})]^2 + \delta_1 is70s_t + \delta_2 is80s_t + \delta_3 is90s_t + \varepsilon_{it} \qquad (6-2)$$

其中，$is70s_t$、$is80s_t$、$is90s_t$ 为 3 个时期的哑变量，分别表示观察值是否属于 20 世纪 70 年代、80 年代和 90 年代，它们的系数表示相对于 60 年代，该时期对制造业占比的影响。如果 δ_1、δ_2、δ_3 为负，说明样本国家中存在过早的去工业化现象。

我们使用的数据在上一节的基础上增加了人口数量。各国在不同年份的人口数量均来自世界银行。该面板数据为非平衡面板数据，因为有些国家（地区）的变量缺失某些年份的数据。

表 6-1 列出了使用非平衡面板方法估计基于计量模型（6-1）和模型（6-2）的结果。我们共估计了 4 个固定效应的面板模型，其结果分别对应表中各列。它们的因变量都是制造业增加值占总产出比例，但自变量有所差异，模型（2）为基本模型，模型（1）没有包括人均产出对数的平方项和总人口数对数的平方项，模型（3）增加了 3 个时期项，模型（4）增加了国家个体效应项。所有 4 个模型都经过 Hausman 检验，在 5% 的显著性水平下拒绝了随机效应模型。

表 6-1 制造业增加值占比的回归结果

自变量	因变量			
	制造业增加值占总产出比例			
	模型（1）	模型（2）	模型（3）	模型（4）
log（实际人均产出）	0.009 *** (0.003)	0.322 *** (0.015)	0.286 *** (0.016)	0.182 *** (0.017)
log（实际人均产出）^{2}		−0.019 *** (0.001)	−0.017 *** (0.001)	−0.009 *** (0.001)
log（总人口数）	−0.005 (0.004)	0.303 *** (0.037)	0.275 *** (0.037)	0.174 *** (0.036)
log（总人口数）^{2}		−0.009 *** (0.001)	−0.008 *** (0.001)	−0.002 * (0.001)
70 年代			0.004 (0.004)	
80 年代			0.002 (0.005)	
90 年代			−0.016 *** (0.006)	
Observations	1783	1783	1783	1783
R^2	0.006	0.216	0.234	0.255
Adjusted R^2	−0.018	0.196	0.214	0.214
F Statistic	4.903 ***	119.876 ***	75.832 ***	144.259 ***

注：* 表示 $p<0.1$，** 表示 $p<0.05$，*** 表示 $p<0.01$。

　　从表 6-1 可以发现，4 个模型的实际人均产出对数的估计系数都为正，且在 1% 水平上统计显著，表明人均产出和制造业的增加值占比正相关，低收入水平和较低的制造业增加值占比相关。另外，在模型（2）、模型（3）、模型（4）中，实际人均产出对数的平方项的估计系数都为负，且统计上显著，表明制造业增加值占比在一定实际人均收入水平达到顶峰后下降，两者呈现倒"U"形关系。这与 Rodrik（2016）的发现一致。为了计算峰值的转折点，我们用式（6-1）右边对实际人均产出求导数，并令其等于零，就可以得到制造业增加值占比达到最大值时对应的实际人均收入水平。我们使用模型（2）的估计结果，计算出 $perGDP^* = 4787$ 美元，即模型（2）预测实际人均收入为 4787 美元时制造业增加值占比出现向下的转折点。通过比较每个国家的制造业增加值占比达到峰值时的人均实际收入与样本峰值对应的收入 4787 美元，就可以判断其是否出现过早的去工业化，使用图 6-1 可以较容易地做出这种判断。

在模型（3）回归中，时期"70 年代"和"80 年代"的估计系数为正，但统计上不显著，而时期"90 年代"的估计系数为负且统计上显著，表明 90 年代的国家工业化水平比早期（60 年代）国家的工业化水平要低。虽然和我们预期的所有时期变量的系数为负有点出入，但是"90 年代"系数为负，说明过早的去工业化还是存在的。

既然去工业化的衡量指标也包括制造业就业占比，我们将计量模型（6-1）和模型（6-2）中的因变量改为制造业就业占比，自变量保持不变，重新使用相同的面板数据进行估计，其结果如表 6-2 所示。通过 Hausman 检验后，选择固定效应模型进行估计。从表 6-2 可以看出，4 个模型（自变量的设定和上一个估计相同）中的实际人均产出对数和其平方项的系数符号和表 6-1 相同，说明以制造业就业占比衡量的倒"U"形仍然存在，即去工业化也发生了。使用和前面相同的计算方法，制造业就业占比的峰值转折点为 3037 美元，也就是说，如果以制造业就业占比下降为去工业化主要衡量指标，那么，样本国家的去工业化对应实际人均产出更低，即倒"U"形的图形向左移动了。使用图 6-2 可以较容易地判断某个国家是否出现过早的去工业化现象。

另外，检验过早的去工业化的时期变量，在模型（7）中 3 个时期变量的估计都为负且数值上不断增加，以及"80 年代"和"90 年代"的估计系数在统计上显著，这说明，在其他条件相同情况下，随着时间的变化，样本国家的制造业就业占比不断下降。这就是过早的去工业化的一种证据。

表 6-2　制造业就业占比的回归结果

自变量	因变量			
	制造业就业占就业数比例			
	模型（5）	模型（6）	模型（7）	模型（8）
log（实际人均产出）	-0.012*** (0.003)	0.353*** (0.012)	0.306*** (0.013)	0.353*** (0.012)
log（实际人均产出）^{2}		-0.022*** (0.001)	-0.019*** (0.001)	-0.022*** (0.001)
log（总人口数）	0.008** (0.004)	0.192*** (0.030)	0.167*** (0.030)	0.192*** (0.030)

续表

自变量	因变量			
	制造业就业占就业数比例			
	模型（5）	模型（6）	模型（7）	模型（8）
log（总人口数）^{2}		−0.006 *** （0.001）	−0.004 *** （0.001）	−0.006 *** （0.001）
70 年代			−0.001 （0.003）	
80 年代			−0.014 *** （0.003）	
90 年代			−0.033 *** （0.005）	
Observations	1829	1829	1829	1829
R^2	0.010	0.372	0.401	0.372
Adjusted R^2	−0.013	0.357	0.385	0.357
F Statistic	9.373 ***	264.254 ***	170.433 ***	264.254 ***

注：* 表示 $p < 0.05$，** 表示 $p < 0.01$，*** 表示 $p < 0.001$，括号中数值为系数的 P 值。

6.2　卡尔多增长法则及其实证

过早的去工业化最近受到如此多的关注的主要原因之一是制造业对经济增长发挥着重要作用，如果一国的制造业在经济中的份额下降得过早、过快，就会影响其经济增长。其实，早在 20 世纪六七十年代，英国经济学家卡尔多就发现，制造业是一个国家或地区经济增长的重要引擎。他通过分析 12 个 OECD 国家的五六十年代的经济增长与制造业结构变化数据，提出三个重要的法则。Dasgupta 和 Singh（2007）研究了 1990~2000 年来自 48 个国家的数据，肯定了卡尔多增长法则，指出制造业确实是经济增长的引擎。他们区分了两种类型的过早去工业化：一类只涉及就业占比的下降。另一类则为制造业在就业和增加值方面的份额都下降。同时认为，第二种类型的过早去工业化更会受到人们的关注。

6.2.1 卡尔多增长法则

卡尔多增长法则（Kaldor's Growth Laws，KGL）认为，工业化通过两个主要机制促使一国人均产出增长：第一，由于部门层面规模报酬（IRS）的增加，制造业生产率随着制造业产出的增长而提高。第二，制造业的产出增长对其他部门的生产率增长产生积极影响。卡尔多增长法则具体包括三个法则：卡尔多增长第一法则指出，一个国家的 GDP 增长和其制造业部门的产出增长率成正比。卡尔多增长第二法则又叫卡尔多—凡登法则，是指制造业的生产率和制造业的产出增长率成正比。卡尔多第三法则认为制造业的快速增长将导致整体经济的生产率提高，即制造业就业对于经济增长至关重要，这也是去工业化问题关心制造业占比下降的重要原因。

本书中以卡尔多第一法则为例，分析制造业对经济增长的影响。第一法则是卡尔多在 1966 年、1967 年研究的基础上提出的，后来，许多研究者对此进行了修改，如 Cripps 和 Tarling（1973）、Thirlwall（1983）。一般来说，卡尔多第一法则用公式表示为：

$$G_{gdp} = \alpha_1 + \alpha_2 G_m + \varepsilon_1, \quad \alpha_2 > 0 \tag{6-3}$$

其中，G_{gdp}、G_m 分别为 GDP 的年增长率和制造业产出的年增长率。当然，使用此公式去回归可能存在伪回归，为了消除这种可能性，Thirlwall（1983）提出使用下面的公式进行估计：

$$G_{gdp} = \alpha_3 + \alpha_4 (G_m - G_{nm}) + \varepsilon_2, \quad \alpha_4 > 0 \tag{6-4}$$

其中，G_{nm} 为非制造业部门的产出增长率。

6.2.2 实证分析

（1）数据与变量。我们使用世界银行数据的数据，时期为 1990~2012 年，共 208 个国家和地区[①]。由于有些国家（地区）的一些指标缺失，在估计中排除了 26 个国家，剩下 181 个国家。使用的主要变量包括经济增长率（q_{gdp}）、制造业产出增长率（q_m）、制造业劳动生产率增长率（p_m）、总生产率增长率（P）、制造业就业增长率（e_m）、非制造业就业增长率（e_{nm}）。

---

① 世界银行数据网站：data. worldbank. org。

（2）跨国检验结果。为了分析制造业对经济增长的影响，以估计第一定律为例验证制造业为经济增长引擎假设。实证中分别估计了式（6-1）和式（6-2）。和大多数文献一样，我们采用 1990~2012 年的横截面平均数据进行估计。

从表 6-3 中可以看出，对于所有 181 个国家来说，1990~2012 年，制造业产出的增长率对经济增长的平均影响系数为 0.309，也就是说，制造业产出每增加 1%，经济增长平均将增长 0.31%。当然，这个系数在不同收入类型的国家小组中是不一样的。根据世界银行按收入高低分组，181 个国家分为 5 个收入组，其中，高收入（非 OECD）国家 15 个、高收入（OECD）国家 30 个、中高收入国家 51 个、中低收入国家 52 个、低收入国家 33 个。不同的收入组卡尔多系数不相同，非 OECD 高收入组为 0.89、OCED 高收入组为 0.36、中高收入组为 0.65、中低收入组为 0.443、低收入组为 0.35。可以发现，制造业对经济增长的作用随着收入增加而发生变化，也呈现出倒"U"形。也就是说，在国家收入分布的两端（低收入和高收入）国家中，制造业对经济增长的作用小，而中等收入国家组中的作用大。说明经济发展过程中的制造业作用越来越重要，但是经济发展到一定阶段后，制造业作用开始下降，经济发展主要依赖非制造业。当然，非 OECD 高收入国家似乎不符合这个规律，其原因可能为这些国家的产业结构变化更有利于制造业，而非制造业发展缓慢，从而高估了制造业作用。

表 6-3　分地区估计卡尔多增长法则估计结果（1）

自变量	因变量：GDP 的年增长率					
	所有国家	高收入（非 OECD）	高收入（OECD）	中高收入	中低收入	低收入
常数项	3.303 (0.000)	1.254 (0.029)	1.675 (0.000)	1.422 (0.000)	1.726 (0.000)	1.789 (0.000)
制造业产出增长率	0.309*** (0.000)	0.898*** (0.000)	0.360*** (0.000)	0.651*** (0.000)	0.443*** (0.000)	0.348*** (0.000)
R^2	0.13	0.86	0.555	0.714	0.591	0.514
Pr (F)	0	0	0	0	0	0
样本数	181	15	30	51	52	33

注：* 表示 $p < 0.05$，** 表示 $p < 0.01$，*** 表示 $p < 0.001$，括号中数值为系数的 p 值。

如果使用 Thirlwall（1983）的方法，将非制造业产出增长率放进估计方程的右边，我们同样可以发现制造业发展对经济增长作用的倒"U"形关系的规律，同时，非 OECD 高收入国家组的制造业发展对经济增长的作用系数减少为 0.189，但是统计上不显著。具体结果如表 6-4 所示。

表 6-4　分地区估计卡尔多增长法则估计结果（2）

自变量	因变量：GDP 的年增长率					
	所有国家	高收入（非 OECD）	高收入（OECD）	中高收入	中低收入	低收入
常数项	3.303 (0.000)	4.28 (0.001)	2.257 (0.000)	3.432 (0.000)	3.488 (0.000)	3.306 (0.000)
制造业增长率-非制造业增长率	0.309 *** (0.000)	0.189 (0.657)	0.392 ** (0.003)	0.612 *** (0.000)	0.238 * (0.012)	0.239 * (0.043)
R^2	0.13	0.016	0.289	0.313	0.122	0.13
Pr（F）	0	0.657	0.003	0	0.012	0.043
样本数	181	15	30	51	52	33

注：* 表示 $p < 0.05$，** 表示 $p < 0.01$，*** 表示 $p < 0.001$，括号中数值为系数的 p 值。

7

中国产业结构变化的特征与影响

了解产业发展的结构特征有利于分析一个国家产业结构升级的阻力，以及理解其升级的动力机制。本章通过分析我国产业发展过程中产业结构特征、存在的障碍，探讨促进产业结构升级所必需的驱动力。①

7.1 中国产业结构变化特征

7.1.1 全国产业结构变化特征

改革开放后，从全国情况来看，我国的三大产业结构随着经济发展发生改变，而且其各自对经济发展的作用也存在较大差异。从表 7-1 可以看出，第二产业（工业）在我国经济增长中一直发挥着重要的拉动作用。1978~2018 年，我国经济平均增长率为 9.50%，工业的平均增长率为 10.58%。从三大产业对经济增长的拉动作用来看，第二产业的拉动率最高，为 5.12%，其中工业的拉动达到了 4.6% 左右，而第三产业和第一产业的平均拉动作用较小，分别为 3.51% 和 0.87%。三大产业对经济增长拉动作用的差异也反映在三大产业增加值占 GDP 比重的大小方面。1978~2018 年，第二产业平均占比为 45% 左右，其中工业占比为 40% 左右，第三产业为 36% 左右，第一产业为 19% 左右。

---

① 本章使用的数据更新到 2018 年，并基于笔者的博士后出站报告进行了较大修改。

表 7-1　1978~2018 年中国三大产业结构平均变化特征　　单位:%

指标	比例	指标	比例
经济增长率		**三大产业增加值占 GDP 比重**	
第一产业增长率	4.46	第一产业增加值占比	18.56
第二产业增长率	10.79	第二产业增加值占比	45.01
工业增长率	10.85	工业增加值占比	39.44
第三产业增长率	10.49	第三产业增加值占比	36.43
三大产业对经济增长拉动率		**三大产业占总就业比重**	
第一产业对增长的拉动率	0.87	第一产业就业占比	49.94
第二产业对增长的拉动率	5.12	第二产业就业占比	23.59
工业对增长的拉动率	4.60	第三产业就业占比	26.48
第三产业对增长的拉动率	3.51		

资料来源:数据来自国泰安数据库,笔者计算各个结果。

　　我国的产业结构变化基本符合一般产业的发展规律,即第一产业的增加值占比逐年下降,第三产业占比逐年升高,而第二产业占比表现为先升高后下降的特征。在世界各国的经济发展史上,农业的进步导致工厂化种植的兴起,农业生产的方式不断调整,由传统的以劳动投入为主转换为以机器资本投入为主,劳动力逐渐从手工作坊走向工厂车间,从而导致第一产业产值占比与就业占比的下降,第二产业占比相应提高。在国家级层面上,随着技术的不断进步,生产力的结构性变化可以使发展中国家转变为新兴国家,最终发展为发达国家,相应地,第二产业生产发生了要素的资本替代和空间转移,从而导致第二产业比例的下降和第三产业比例的上升。同样,技术进步也导致了生产行业内部结构发生变化,如移动互联网技术的快速发展导致购物的在线化,各类服务业中的自助功能以及语音操作设备彻底改变了顾客获取信息和订购产品的方式,从而导致服务行业的结构性变化。虽然技术进步被认为是实现结构变革的关键,但是全球化正在推动产业结构加速变化。

　　从动态的变化趋势来看,我国产业结构中第三产业作用和比重逐年增加,第二产业总体上先增加后回落。具体来说,中国产业结构变化大致可

以分为三个阶段。① 第一个阶段是 20 世纪 50 年代初期到 70 年代初，第一
产业基本上为我国第一产业，占有重要地位。如图 7-1 所示，1952~1972
年，我国第一产业增加值除了三年自然灾害期间，都超过第二产业和第三
产业的占比，而且从就业占比来看，此阶段第一产业中就业比例也远远高
于另外两大产业的比例。说明此阶段我国明显处于农业经济发展阶段，工
业、服务业尚停留在初级发展水平。第二阶段是 70 年代初到 80 年代中期。
随着第二产业比重超过第一产业，中国进入了工业化初期阶段，第一产业
比重仍然超过第三产业（见图 7-1 中产业增加值占比）。

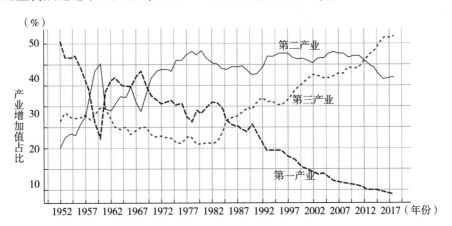

图 7-1　1952~2018 年中国三大产业增加值与就业占比变化

资料来源：数据来自国泰安数据库，笔者绘制。

---

① 赵晋平. 2010-2030 年中国产业结构变动趋势分析与展望［EB/OL］. http：//www.esri.go.jp/
jp/prj/int_prj/2010/prj2010_03_04. pdf2020/9/3.

第三阶段是 20 世纪 80 年代中期以后，第三产业的重要性开始凸显。该阶段中虽然第二产业的产业主导地位持续巩固，但是在三大产业结构方面，第三产业比重超过第一产业并迅速上升，第一产业增加值占比在 GDP 中的份额出现直线下降，且与第二和第三产业的差距持续扩大。

从产业对经济增长的拉动贡献率来看，第三产业增长对经济增长的贡献率明显上升，到 2007 年以后接近甚至超过第二产业成为经济增长的主要拉动因素之一。从图 7-2 可以看出，自 1990 年开始，第三产业对经济增长的拉动和年增长率总体上是递增的，第二产业在 1992 年达到最高点以后则平稳回落，到 2007 年第三产业的经济拉动率和年增长率基本上和第二产业差不多，2008 年全球金融危机两者开始下降。2015 年以后，第三产业对经济增长的拉动率就超过了第二产业并保持上升趋势，成为拉动经济增长的主要产业。

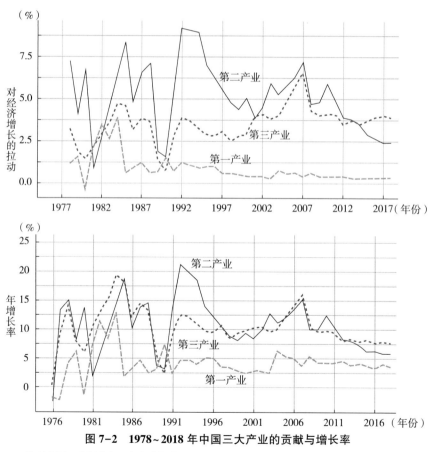

图 7-2　1978~2018 年中国三大产业的贡献与增长率

资料来源：数据来自国泰安数据库，笔者绘制。

从就业结构来看，近 20 年来由于第二和第三产业劳动生产率明显高于第一产业，导致劳动力从第一产业向第二和第三产业的转移持续加快（见图 7-1 中就业占比部分）。第一产业的就业比重从 1978 年的 70.5% 降低到 2018 年的 26.1%，第一产业实际就业人数也下降了。与此同时，非农业部门吸纳的就业人员快速增长。第二产业就业人数比重从 1978 年的 17.3% 上升到 2018 年的 27.6%，实际就业人数增加。同期第三产业从业人员比重由 12.2% 提高到 46.3%。2012 年后，我国的第三产业的增加值占比和就业占比开始超过第二产业。由此可见，改革开放以后，我们的经济增长主要来自第二产业（工业）贡献，但是，在吸纳就业方面，第一产业仍然是我国就业主要领域。

从产业内部结构来看，我国产业结构不断升级优化，也面临着不少转型升级的压力。第一产业结构正由以种植业为主转向多种形式全面发展。农业种植业比例持续下降，畜牧业的规模化、集约化和标准化水平不断提高。在第二产业内部，重工业与轻工业之比不断变化，大多数年份，重工业之比高于轻工业之比。虽然在 20 世纪 70 年代出现一次重工业时期，两者之比相差不大，但是 1999 年以后，重工业之比超出轻工业之比越来越多。特别是，2008 年亚洲金融危机后，随着全球经济逐步复苏和受基础设施投资的强力推动，重化工业化趋势进一步加快，重工业成为带动工业经济增长的主要因素；另外，随着机械设备制造业的主导产业地位进一步加强，我国技术密集型产业在国际市场的地位和竞争力明显提升，但是，金属制造加工业比重上升加大了国内能源消费和环境污染压力。在服务业内部，随着全球经济服务化趋势不断增强，生产性服务业所占比重均呈现持续上升，生活性服务业吸纳就业能力不断增强，但是，与世界其他国家相似，服务业面临生产率低下从而拉低了整个经济生产率的风险，出现"鲍莫尔成本病"现象。

7.1.2 地区产业结构变化特征

我国地区经济发展水平不一，产业结构变化有差异。1978~2012 年，我国地区平均经济增长都很高，平均为 11% 左右，最高（福建）为 13%，最低（黑龙江）为 9%，整体相差不大，但是我国地区人均产出差距大，就平均值而言，最高值（上海，2.8 万元）是最低值（贵州，0.35 万元）的 8

倍。从变量的相关系数来看，和人均产出相关系数最大的是第二产业就业占比（0.88），其次是第三产业占比（0.56），而第一产业产出和就业占比都和人均产出负相关。图 7-3 反映了第二产业就业占比与人均产出的高相关性。可见，从地区间的产业结构来看，我国地区之间发展的差距在不断缩小，但是由于第二产业在地区间占比差异导致地区间不平衡发展仍然存在。

产业结构的变化差异同样体现在我国传统的三大地区——东部、中部和西部之间。[①] 新中国成立以来，第二产业产出占 GDP 比重，总体上，东部地区变化不大，略有下降，而中部和西部地区有所上升。第一产业和第三产业占 GDP 比重在东部、中部、西部之间则呈现基本相同趋势，第一产业的占比下降而第三产业占比上升，但是第三产业最早超过第一产业的时间，东部地区最早，其次是中部，最后为西部。而且东部地区的第三产业产出占比已经和第二产业占比相同，并有超过之势。

我国地区间的职工平均工资存在着较大差异。我国八大经济区域中，[②] 中低收入的地区如西北地区、黄河中游地区、西南地区、长江中游地区之间相似性大，职工平均工资较低。工资的地区差异一方面影响了地区的产业结构，另一方面也为我国产业转移和产业升级提供了空间。

---

① 东部地区包括北京、天津、河北、辽宁、上海、江苏、浙江、福建、山东、广东、海南。中部地区包括山西、吉林、黑龙江、安徽、江西、河南、湖北、湖南。西部地区包括内蒙古、四川、重庆、贵州、云南、广西、西藏、陕西、甘肃、青海、宁夏、新疆。由于行政区划的变化，为了便于比较计算，本书将重庆与四川合并为四川。

② 我国八大经济区域的划分：南部沿海地区（广东、福建、海南）；东部沿海地区（上海、江苏、浙江）；北部沿海地区（山东、河北、北京、天津）；东北地区（辽宁、吉林、黑龙江）；长江中游地区（湖南、湖北、江西、安徽）；黄河中游地区（陕西、河南、山西、内蒙古）；西南地区（广西、云南、贵州、四川、重庆）；西北地区（甘肃、青海、宁夏、西藏、新疆）。

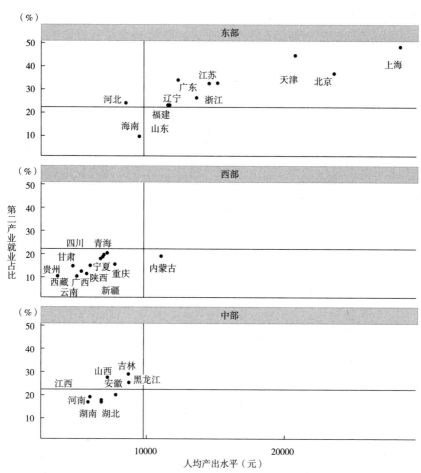

图7-3　1978~2012年分地区人均产出与第二产业就业占比关系比较

7.2　中国工业化占比变化

7.2.1　总量与结构性工业化占比方面

改革开放以来，我国经济持续快速增长，每年近10%的增长率，制造业总量和竞争力在世界范围内不断增强。通过全国范围内的区域间产业转移，促使技术创新和产业结构升级，区域根据自身竞争性禀赋，发展具有核心竞争力的产业，并保持工业（制造业）在我国经济发展中的支柱地位。在整个经济中，我国的制造业比重基本处于上升趋势。从图7-4可以发现，我国的制造业增加值在20世纪90年代初期处于快速上升时期，GDP的份额不断增加；从就业占比来看，我国制造业吸纳的就业人数在全行业中的份额呈现上升趋势。说明1960~2010年，我国的结构变化没有出现与其他一些国家一样的过早的去工业化现象，制造业仍然是我国经济增长和人均收入增长的主要动力源泉。

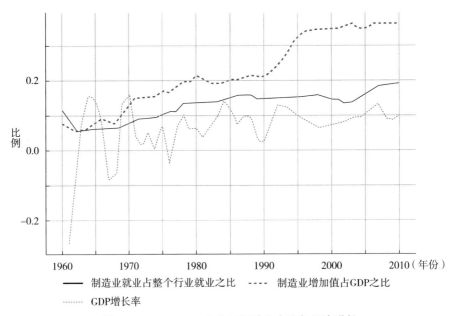

图7-4　1960~2010年中国制造业占比与经济增长

资料来源：数据来自世界银行，笔者绘制。

从三大产业来看，在吸纳就业人数方面，我国的三大产业的就业占比中，第一产业就业占比下降，第二、第三产业的就业占比逐年上升，但是第三产业的就业占比增长更快，以致1995年第三产业的就业占比超过了第二产业就业占比。从就业占比、产业占比以及生产率增长率来看，就全国而言，没有出现明显的总量去工业化现象，但是第二产业在吸纳就业方面增长缓慢，而且产出占比和增长率波动性增大（见表7-2）。

表7-2 全国工业化占比的变化特征

年份	工业就业份额（%）	工业产出占比（%）	工业增长率（%）	年份	工业就业份额（%）	工业产出占比（%）	工业增长率（%）
1977	14.80	42.61	16.40	1995	23.00	41.00	12.50
1978	17.30	44.10	8.70	1996	23.50	41.40	11.30
1979	17.60	43.60	12.70	1997	23.70	41.70	8.90
1980	18.20	43.90	1.70	1998	23.50	40.30	8.50
1981	18.30	41.90	5.80	1999	23.00	40.00	9.79
1982	18.40	40.60	9.70	2000	22.50	40.40	8.67
1983	18.70	39.80	14.90	2001	22.30	39.70	9.97
1984	19.90	38.70	18.20	2002	21.40	39.40	12.75
1985	20.80	38.30	9.60	2003	21.60	40.50	11.51
1986	21.90	38.60	13.20	2004	22.50	40.80	11.58
1987	22.20	38.00	15.30	2005	23.80	41.80	12.88
1988	22.40	38.40	5.10	2006	25.20	42.20	14.91
1989	21.60	38.20	3.40	2007	26.80	41.60	9.93
1990	21.40	36.70	14.40	2008	27.20	41.50	8.73
1991	21.40	37.10	21.20	2009	27.80	39.70	12.06
1992	21.70	38.20	20.10	2010	28.70	40.00	10.38
1993	22.40	40.20	18.90	2011	29.50	39.80	7.68

另外，从工业内部构成来看，工业包括采矿业、制造业、公共事业、建筑业。利用第5章的GGDC 10（2015年）部门生产率数据库，本章分析我国制造业增加值占比和就业占比的变化。从图7-5可以看出，1960~2010年，在中国工业增加值的构成中，采矿业的占比基本保持不变，其他工业占比呈下降趋势，而制造业在整个工业中的增加值占比不断上升。

另外，从工业就业构成的占比来看（见图7-6），采矿业吸纳的就业在工业中的份额呈下降趋势，20世纪80年代以后，其他工业的就业占比不断上升，而制造业就业占比则刚好相反，虽然制造业的增加值不断增加，但是就业份额没有保持同步增加，出现了在工业就业构造占比中下降的态势。其背后的原因不难理解，说明我国在80年代以后制造业的技术进步要快于其他工业，其劳动生产率上涨也更快，因而就业占比反而下降。

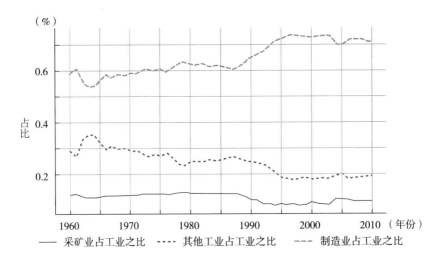

图 7-5　中国工业增加值构成的占比变化情况

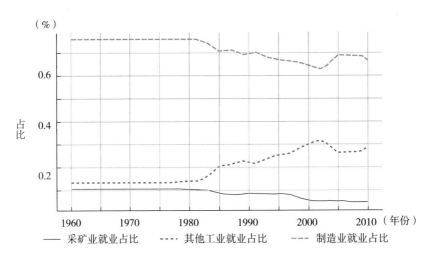

图 7-6　中国工业就业构成的占比变化

7.2.2　区域性工业化占比方面

我国虽然没有总量性去工业化，但是，存在着区域性去工业化，主要表现发达地区的制造业影响逐年下降，服务业的影响不断上升。

首先，工业的增加值占比在三大地区没有出现明显的下降趋势（见图

7-7)，这说明，虽然我国地区之间工业化进程不一，但是我国三大地区总体上的工业化仍然处于上升阶段。在就业占比方面，总体趋势是，第一产业的就业占比不断下降，第三产业的就业占比逐年上升，东部地区的第三产业就业占比增加迅速，2000年以后就超过了第一产业就业占比，近年来超过40%（见图7-8）。但是，相对而言，中部和西部地区的第二产业就业占比、第三产业就业占比增长较缓慢，第一产业就业仍然占据就业主要部分。特别是，西部地区的第二产业的就业占比一直徘徊在20%以下，东部地区已经达到将近40%，中部达到30%。可以说，制造业（第二产业）的就业占比高低是和经济发展水平高低高度相关的，去工业化问题表现的制造业就业占比下降对经济发展有较大影响。

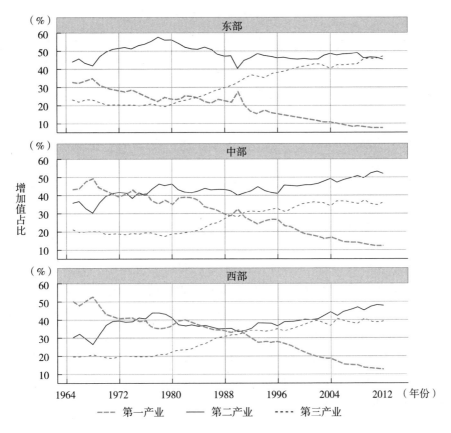

图7-7 中国东部、中部、西部三大产业增加值占比变化

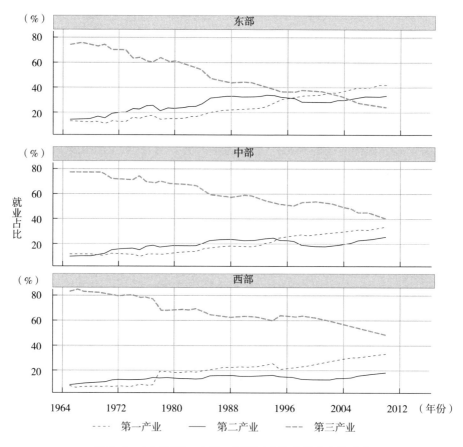

图 7-8　中国东部、中部、西部三大产业就业占比变化

其次，从各省份的产业结构变化来看。如图 7-9 所示，第一产业的产出占比基本上是逐年下降的，只是经济发达地区的下降速度更快，经济欠发达地区的下降速度缓慢。第三产业产出占比基本处于上升趋势。然而，第二产业的产出占比在全国地区之间表现大致有三类情况：一是逐年增加，处于上升趋势，如福建、河北、浙江、安徽、河南、江西、广西、青海、四川等；二是有增长但增长缓慢，如新疆、云南、陕西、贵州、宁夏、山西、吉林、湖南、海南等；三是占比高，但处于下降趋势，如北京、上海、天津、辽宁、黑龙江等。

在就业占比方面，除北京、西藏外，大部分省市的第一产业在新中国成立初期的就业占比都是 75% 以上，到 2012 年，基本上降到了 30% 左右，

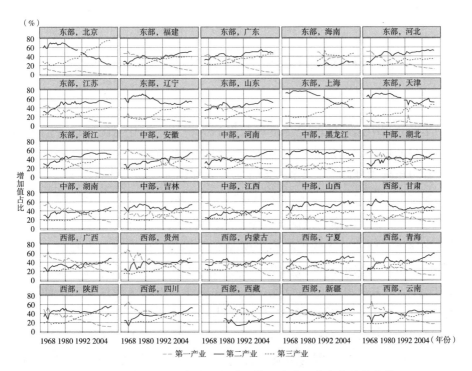

图 7-9 1952~2012 年中国各省份的三大产业产出占比的变化

有的更低。第三产业的就业占比也基本处于上升趋势。但是，第二产业就
业占比在地区间的表现则不一致。按照去工业化的传统定义，北京、天津、
上海、辽宁和吉林的第二产业就业占比处于下降趋势，存在去工业化现象。
当然，还有不少地区第二产业的就业占比一直很低，而且增长也非常缓慢，
如海南、新疆、云南、陕西、贵州、青海等，这些地区为农业密集型的产
业结构。

　　综上所述，我国三大产业结构自新中国成立以来发生了重大变化，但
不同地区的变化趋势不一致。由于制造业作为经济增长的引擎在大部分地
区经济发展中是成立的，所以制造业（或工业、第二产业）的占比下降对
经济发展有重大影响。在我国部分发达地区以及传统的老工业基地存在去
工业化现象，有些地区的去工业化是主动的、积极的，是产业结构升级转
型的必然结果和驱动力；而另一些地区的去工业化是被动的、早熟的，是
产业结构变化中的结构突变，是经济没有发展到一定阶段水平的表现。

7.3　中国地区经济增长中结构变化效应

　　本节使用中国地区的经济发展数据，分析结构变化对经济增长的影响差异的目的包括：一是分析中国地区产业结构的特征，为理解产业发展路径数据提供现实基础；二是理解去工业化在我国地区间的差异性。

　　为了分析制造业在我国地区间对经济增长效应差异，本书使用 1978～2012 年 31 个省份的面板数据，采用扩展的计量方程对卡尔多第一、第二和第三定律进行估计。这些扩展的模型是在卡尔多原始的估计方程中，按照现代区域增长的实证文献的惯例，加入反映现代经济增长理论的变量，如人力资本、资本积累、基础设施、对外贸易等，加入这些控制变量能更准确地估计制造业增长对经济增长影响的大小。实证中分别使用固定效应模型和随机效应模型对上述三个方程进行估计，然后用 Hausman Test 选择了固定效应模型。此外，因为经典的去工业化定义为制造业就业占比的下降，为此，本书使用一个基于 Rowthorn 和 Wells（1987）的模型来估计我国区域制造业就业占比的影响因素。该模型将制造业的就业比例视为实际人均GDP、制造业生产率、制造业的产出占比、出口占 GDP 比例、最终消费率和职工平均工资等函数。由于有些地区某些年份的变量值缺失，所以为非平衡面板模型。①

　　实证结果表明：①固定效应模型中的卡尔多第一定律系数分布为 0.48。这说明，工业（制造业）增长率每提高 1% 将会促进经济增长率提高0.48%。比较可见，我国的卡尔多第一定律系数处于中低收入（0.443）到中高收入国家（0.651）之间。这基本上反映了我国经济发展现状。此外，加入的控制变量的估计系数基本和理论预测一致。②如果我们将传统的三大地带东部、中部和西部划分，发现三大地区卡尔多第一定律系数不相同，中部地区系数最高（0.499），其次为东部地区（0.48），西部最低（0.459）。这和前面的跨国横截面的分析是一致的，即制造业增长对经济增

---

　　①　具体模型和实证过程参考《去工业问题及其经济影响》（王秋石等，中国财政经济出版社，2019 年）中第 5.3、5.4 节。

长的影响呈现为倒"U"形。③同理，采用固定效应模型估计的卡尔多第二定律系数分别为 0.138，由于估计的系数为正，说明工业（制造业）的快速增长能提高工业（制造业）的生产效率，卡尔多第二定律成立。固定效应模型估计的卡尔多第三定律的系数为 0.025，这和卡尔多第三定律的理论预期符号一致，但统计上都不显著。④就全国而言，工业就业占比和人均GDP 成反比，说明随着我国人均收入增加，工业就业占比将下降。东部地区的人均产出对工业就业占比的影响系数符号和全国的趋势一致，中部和西部地区则相反。

通过实证分析了我国的地区工业（制造业）变化对经济增长、生产效率等影响，可以得出如下结论：

第一，虽然我国地区经济发展存在差异，但是就全国而言，工业（制造业）对经济增长影响符合卡尔多定律。即工业（制造业）快速发展能促进经济快速增长、提高工业（制造业）的生产效率以及整个经济的生产效率。

第二，制造业就业占比下降和工业化发展水平相关。当经济还处于工业化发展的初中期，人均产出和工业就业占比正相关，而当经济发展到工业化的中后期，工业的产出占比下降，服务业比例上升，经济增长的贡献更多来自服务业的增长，加上工业中的劳动力成本上升，相应地制造业就业占比下降。

第三，就全国而言，去工业化将降低制造业的产出和（或）就业占比，如果进而影响制造业的增长率，那么这种去工业化将对经济增长产生负面的影响；相反，去工业化没有引起制造业增长率的降低，则没有负面的增长效应。就地区而言，由于地区间的制造业增长速度、产出占比和就业占比差异大，卡尔多定律的系数在地区间不相同。

第四，就估计结果的政策含义而言，我国地区间的（制造业）产业转移还存在空间红利。东部地区由于收入高，其制造业的增长效应开始下降，如果转移到中部或西部，将可以减少其增长效应下降的趋势，对于全国经济增长来说，通过地区间的产业转移，一方面可以促进地区间的产业结构升级，发达地区转移或淘汰边际生产率递减的制造业，发展新型产业实现产业升级，而对于中西部欠发达的地区来说，可以通过承接发达地区的制造业减少农业占比来提高制造业占比；另一方面维持整个国家经济的持续增长。

7.4 我国经济面临去工业化的挑战

去工业化过程是工业时代每个国家经济发展到一定程度所必然面对的经济现象，是不可避免的经济发展阶段。对于中国这样的大国，经济发展到一定阶段后，会遇到工资水平上升、环境壁垒提高、资源枯竭和生产成本上升等问题，在未来某个阶段内将不可避免地面临着去工业化的挑战。如何应对这种去工业化是未来一段时间内必须回答的问题，也是我国经济发展避免陷入"中等收入陷阱"的一个重要方面。

(1) 中国经济面临新的结构性调整。改革开放后40多年来，我国产业结构从第一产业为主，然后转向第二产业为主，这个结构调整促进了我国经济近10%的增长。但是，现在我们面临的另外一个第二产业结构性调整，就是大规模的转向服务业，而服务业的劳动生产率现在低于制造业，根据前面的分析可知，由于服务业占比的增加，如果其生产率低于制造业的生产率，那么这种大规模的产业部门转移将降低整个经济的生产率，从而对经济产生负面影响，有可能导致我国经济结构性的减速。产业结构服务化演进的趋势，进而对经济增长速度产生巨大的冲击。

(2) 劳动成本急剧上升。充足的廉价劳动力曾经是中国经济实现长期高速增长的重要因素，也被学者称之为中国的人口红利。据分析，如果中国生育率持续维持在低水平上，2015年后人口红利将逐渐消失且人口抚养比将上升。[1] 人口抚养比每上升一个百分比，人均GDP将下降0.11个百分点。据统计，我国在"十二五"期间，就业增长对经济的增长几乎很小，到了"十三五"期间，就业增长对经济增长起到了负面的作用。

人口红利比较优势消失以后，如果没有新的比较优势，劳动力短缺、成本上升将丧失我国传统的劳动密集型产业比较优势，制造业产出占比和就业占比下降将不可避免。

(3) 其他发展中国家的崛起、发达国家的再工业化以及设置的技术壁

---

[1] 分析人口红利的关键指标是人口抚养比，即0~14岁的少儿和65岁以上的老年人口，占15~64岁的劳动年龄人口的比重。

垒将对中国工业化进程构成新的挑战。随着中国人口红利的消失和出口品相对价格的上升，中国逐渐丧失了劳动密集型制造业的比较优势，大量跨国公司开始将生产基地转移到工资水平更低的东南亚国家。可以预见，未来这些发展中国家制造业的崛起会给中国的制造业带来极大挑战。同时，发达国家也开始了再工业化进程。随着世界经济增速的放缓，以美国为代表的发达国家已经开始推行再工业化战略，以及为了自身利益发起的贸易摩擦和设置的技术壁垒，将导致中国制造业的竞争力在一段时间内将面临较大挑战。

（4）能源和环境问题制约着中国制造业的进一步发展。中国最近三十年粗放式的经济增长带来了巨大的能源消耗和环境污染。一方面，随着环境污染的加重，我国的产业发展的环境承载力将达到红线；另一方面，人们生活水平提高对环境要求越来越高，加上我国承诺的国际减排的任务，我国的制造业生产将面临巨大转型压力。

8

去工业化背景下的中国
产业发展路径探析

　　中国产业发展路径具有大国特色，即地区差异大，因而和小国的产业演化路径有很大的区别。传统的飞雁式产业转移理论适合小国的产业演化，对中国这样的大国不适合，小国经济的特点在于产业结构的同质性，一旦比较优势发生变化，经济整体即进入新的发展阶段。而大国经济的特征是地区之间的异质性，在一些地区进入新的发展阶段情况下，另外一些地区可能仍然处在原来的发展阶段。因此，小国雁形模式往往是指独立经济体之间的产业转移和承接，而大国雁形模式则表现为一个独立经济体内部地区之间的产业转移和承接。

8.1　影响我国产业结构升级的主要因素

　　影响我国产业结构升级的因素很多，有学者将影响我国产业结构升级的因素分为两类：一类是基础性因素，包括供给因素；最基本的供给因素是资本和劳动力、技术创新、需求因素；另一类是一般因素，包括政府职能、对外开放、外部冲击等（杜传忠和郭树龙，2011）。下面分析阻碍我国产业结构升级的主要因素。

　　经济学经典文献有关产业转型阻碍因素分析，经历了从强调物质资本到人力资本，以及物质资本和人力资本相结合的一个过程。具体说来，早期通常认为物质资本的稀缺是导致产业不能升级和转型，从而经济落后的关键原因。因为发达国家研发的先进技术更多地与物质资本相匹配，所以物质资本稀缺是导致发展中国家不能采用更先进技术，从而无法实现产业升级和转型。后来的文献则强调人力资本短缺，或者物质资本和人才资本都短缺是导致落后地区产业结构难以升级的主要原因。由于发达国家研发的技术只考虑了发达国家的要素禀赋结构的最优使用，而发展中国家在熟练劳动力占比和人力资本积累方面远低于发达国家，导致发展中国家所采用的技术不能得到有效使用，从而阻碍产业升级和转型（魏福成等，2013）。

造成我国产业结构升级慢的主要因素包括以下几个方面：

（1）不合理对外开放结构阻碍了我国产业结构升级。关于对外开放对产业结构升级的影响体现在外商直接投资、进出口贸易方面，过度依赖比较优势战略制约了产业创新升级。冯春晓（2009）通过构建测度制造业产业结构合理化与高度化的指标，来分析制造业对外直接投资对其产业结构优化的影响，研究结果发现我国制造业对外直接投资与其产业结构优化存在正相关关系，制造业出口却阻碍了其产业结构优化。然而，宋大勇（2008）实证分析表明，外商直接投资明显推进了我国东部地区的区域产业结构升级，但对中西部地区以及东北地区产业结构升级的作用效果不明显。吴进红（2006）等实证分析了地方对外贸易与产业结构升级之间的关系，结果表明对外贸易对产业结构升级有明显的促进作用。

（2）没掌握核心技术，缺乏核心竞争力，限制产业升级。关于技术进步对产业结构升级的影响，有的研究主要是从研发投入方面进行了实证分析。如唐德祥、孟卫东（2008）通过考察技术创新与产业结构优化升级的关系，得出 R&D 支出是产业结构优化升级的关键决定因素。

（3）劳动者相对素质低，不能匹配产业升级对劳动者的技术要求。张若雪（2009）提出，中国产业结构水平较低、升级缓慢的根本原因是我国劳动力绝对数量较大和相对素质较差，导致我国经济发展陷入一种低技术均衡状态。

（4）特殊利益集团阻碍了我国的产业升级。虽然人们意识到资本积累有利于产业升级转型，但为什么有些地方长期以来没有积累足够的资本去实现产业升级呢？对于这个问题，有些学者从新政治经济学中的利益集团理论进行了回答。由于资本的提高和技术的进步可能会降低在位政府和利益集团的既得利益，从而阻止资本积累和技术进步，所以利益集团会游说政府设置产业升级的壁垒（魏福成等，2013）。在他们看来，其原因为：特色利益集团掌握（垄断）大量资源，产业升级对减少一个国家或地方对初级产品和自然资源的依赖程度，同时也可能降低均衡税率，从而影响他们的既得利益，而且对一些地方政府来说，现有产业结构和企业也更有助于它们在任期内取得"GDP竞标赛"的成绩。

此外，有学者从金融、资本等市场方面探讨了我国产业结构升级的障碍。杜传忠（2011）研究发现，在影响我国产业结构升级的因素中，需求、资本和对外直接投资三个因素有显著的影响，而劳动力、技术进步和政府支出以及出口等的影响不显著。杨德勇、董左卉子（2007）认为，资本市场规模对产业结构升级具有重要作用，并通过资本市场融资与产业结构升级的关系进行了实证分析，发现资本市场规模的扩大对我国产业发展和结构变化起到明显的促进作用。

笔者认为，阻碍我国产业结构升级的因素主要有以下五个方面：

（1）地方晋升竞标赛制度。财政分权体制就像一把"双刃剑"，给地方政府发展经济不仅带来了强激励，而且也带来了无效率保护主义。在财政分权体制下，地方官员和政府会尽最大努力动用一切资源推动其任期内地方经济的增长，使地方政府有动力追求税收最大化，也更有可能为经营中间品的利益集团所俘获，从而导致地方政府阻止产业升级。在财政支出分权的情况下，地方政府会将其所能获得的资源主要用于基础设施建设、对大企业的财政补贴等生产性支出方面，而教育卫生健康支出方面则严重不足。这不利于人力资本和健康资本积累，从而不利于产业升级。此外，财政分权制使地方政府过度依赖土地财政，粗放式进行城镇化建设，其结果是建材过剩生产、产能过剩、产业升级受阻。

（2）收入差距过大制约了国内需求结构升级，相应影响到产业升级。收入结构不合理是抑制我国城镇居民消费需求扩大的主要原因。收入分配差距扩大抑制了居民对第三产业总消费的数量，阻碍了第三产业消费在居民消费中比重的提高，从而抑制了第三产业比重的上升。城乡收入差距的扩大使农村居民缺乏对城市工业品的购买力，导致工业市场容量狭窄，从而抑制了非农产业比重的增加。

（3）人力资本积累机制弱化。人力资本的积累一方面能够增进整个社会的财富总量，使国民收入总量增加；另一方面会提高家庭居民的收入水平，从而使人均收入水平提高。人均收入水平的提高对产业结构的影响是巨大的，随着人均收入水平的提高，必然促使需求总量的增长，需求总量的变化又会引起产业结构的变化。我国人力资本积累不强的原因有大量人力资本外流、富人移民、企业家创新意愿不强、公共性全民教育投资低等。

（4）核心技术创新能力不足。从全球产业价值链来看，不管是工艺流程升级、产品的换代升级，还是沿着产业链向"微笑曲线"的两端攀升，都需要特定的技术创新能力来支撑。技术创新能力已经成为当今决定国际分工的关键要素。缺乏技术创新能力，特别是缺少关系到产业整体发展水平的关键核心技术能力，一国的产业发展就可能被锁定在低附加值、微利化的低端生产制造环节。因而，本土企业技术创新能力偏低正是造成产业升级转型难的关键因素。过去几十年来我国快速融入全球价值链分工体系，并形成了全球门类最齐全的产业体系和配套网络，但产业整体处于国际价值链底部，出现高端产业低端化现象，处于全球价值链中低端。许多制造业企业仍以"代工"为主，在全球价值链中的"垂直分工"地位偏弱，产品附加值不高。

（5）外国的贸易限制措施和技术封锁。一些发达国家出于政治和经济利益的考虑，对我国的贸易战和技术封锁不断加深，对我国高科技出口产品、高技术产品进口和对外并购等产生重大影响，导致我国出口结构升级和全球供应链布局难度加大，限制了我国产业升级的空间。如美国政府近年来对我国的 5G 技术（华为、中兴）以及半导体产业的打压和限制，将我国重要技术性企业和科研机构列入受限制的"实体清单"，将在一段时间内影响我国一部分企业的产品更新换代。

8.2 基于去工业化视角的产业发展的一些可行路径

"十四五"期间，我国经济将进入以新发展理念引领经济高质量发展的新时期。习近平总书记指出："坚持用新的发展理念来引领和推动我国经济发展。"高质量发展就是体现新发展理念的发展，产业发展要坚持创新发展、协调发展、绿色发展、开放发展、共享发展，把技术创新作为产业发展第一动力。应该说我国产业发展的目标清晰，总体路径明确，下面将从去工业化视角对我国产业发展的宏观路径做一些补充。

8.2.1 积极利用结构性去工业化化解产能过剩

产能过剩是市场经济运行的常态现象，一定程度的产能过剩有利于企业竞争，也有利于消费者，而超过一定程度的产能过剩则既反映了资源配置低效率，也反映了产业结构的失衡。

产能过剩是我国产业发展中长期存在的一个问题，伴随我国经济的快速发展，产能过剩几乎已经渗透到各行各业。其中，钢铁、水泥、电解铝、平板玻璃、船舶等行业的产能过剩矛盾尤其突出。中国制造业的产能过剩往往是结构性产能过剩，即落后产能的相对过剩和先进产能的相对不足共存，或者低效产能过剩，有效产能不足。在产品形态上，低端产能过剩，高端研发能力和产业化能力弱，满足不了有效需求；在产业价值链上，多处在产业价值链低端，少量处在高端；在技术创新上，简单加工、一般制造的企业多，而高端制造、创新的企业少。

产能过剩不仅会造成社会资源的巨大浪费，降低资源配置效率，也会阻碍产业结构升级。解决产能过剩问题，关键是要减少落后产能，增加先进产能，表现在产业结构调整方式上，是结构性去工业化，促进制造业本身从低附加值向高附加值产品转移。

化解产能过剩，实行产业的结构性去工业化，有利于减少产业锁定效应。一个国家或地区产业结构主要是由该地区的资源禀赋、产业基础等初始条件决定的，具有强烈的路径依赖和产业锁定效应。随着内外环境、劳动力等要素资源比较优势的变化，要保持产业的竞争力就必须进行转型升级。而长期形成的路径依赖，资产专用性投资形成了巨大的沉没成本，或因产业调整的巨大交易成本，使过剩的产能难以调整，落后的企业难以淘汰。同时，产业调整与转移会影响地方即期 GDP 增长，在缺乏倒逼机制与产业转移机遇的情况下，调整与转移很难实施。多年来，一些地区实施"腾笼换鸟"措施，但结果是低端产业难以转移、高端产业难以突破、区域产业同构现象难以消除，产业升级效果不明显，呈现典型的结构固化效应。

在政策层面，一方面政府要引导重组、关停、淘汰过剩产能，使之与市场需求吻合；另一方面政府从政策上、金融上支持和推动新兴产业的成长，如节能环保、新一代信息技术、生物、高端装备制造、新能源、新材料和新能源汽车等战略性新兴产业，各类服务业以及制造业领域附加值高的产业。对于地方政府来说，淘汰许多竞争能力弱、经营管理不善的企业，督促现有企业改变其落后的生产和管理方式，在一定程度上提高了整个行业的竞争力，促进了产业结构转型升级。

8.2.2 促进区域产业转移，缩小区域不平衡发展

我国地区间的经济发展不平衡，经济发展水平和产业结构不一样。地区之间的产业发展具有很强的互补性。发达经济地区的一些处于发展末端、失去比较优势的产业，而在一些落后地区，可能正好符合其产业发展的比较优势，称其为朝阳产业，能带动其他产业的发展。地区间的去工业化现象也不一样，如一些沿海地区经过快速工业化后，经济水平大幅提高，出现了去工业化问题，制造业对经济贡献不断下降，而另一些内陆地区正处于工业化时期。正是我国地区之间经济结构的空间差异，使区域之间的产业转移成为可能和有必要。促进产业转移和重点产业布局调整，推进产业结构调整、加快经济发展方式转变。正如李克强总理在 2020 年 8 月 21 日考察重庆京东方公司时指出，西部地区要更大担负起承接东部产业转移的重任，西部有大的回旋余地优势，既要主动承接东部产业转移，又要敢于参与国际竞争。① 2012 年以来，京东方集团在渝投资累计超过 870 亿元，主要原因是看好重庆的人力资源和营商环境等优势。

通过区域产业转移，能进一步发展各地区的优势产业。中西部地区具备资源丰富、要素成本低、市场潜力大的优势。通过这种针对性的政策措施，能有效发挥中西部地区的比较优势，吸引更多的国内外产业向中西部地区转移和聚集。通过产业转移，也能促进要素自由流动。一方面能够实现东中西部地区良性互动，逐步形成分工合理、特色鲜明、优势互补的现代产业体系，不断增强中西部地区自我发展能力；另一方面将直接带动贫困地区脱贫致富，支持老少边穷地区人才队伍建设。

区域产业转移要坚持以市场化为主，政府引导为辅的原则。在产业转移过程中，应该遵循市场规律，尊重各类企业在产业转移中的主体地位，处理好政府和市场的关系，突出市场在资源配置中的决定性作用。

在政策层面，政府要注重规划和政策引导，中央政府要积极引导东部

---

① 中国政府网，2020 年 8 月 22 日。

部分产业向中西部有序转移，促进区域梯度、联动、协调发展；地方政府做好服务，营造承接产业转移的良好环境，完善公共服务，规范招商引资行为，坚持节能环保，严格产业准入，拓展就业和发展新空间，推动经济向中高端水平跃升。政府要增强欠发达区域高质量发展动能，加快区域一体化建设，解决区域发展不平衡问题，减少发展落差，针对欠发达地区出台实施精准的扶持政策。

在当前全球市场萎缩的外部环境下，我国的产业发展要发挥国内超大规模市场优势，加快形成以国内大循环为主体，国内国际双循环、相互促进的发展新格局；要更好地推动区域一体化发展，发挥人才富集、科技水平高、制造业发达、产业链供应链相对完备和市场潜力大等优势，积极探索形成新区域产业发展格局的路径。

8.2.3 通过创新和智能化促进智能工业化发展

理论上，引发结构性变化的因素包括新的经济发展、资本和劳动力的全球转移、战争或自然灾害导致的资源可用性变化、所有资源的供需变化，以及新政权上台或现行法律重大改革导致的政治格局变化等，但是产业结构变化的主要驱动力是创新。突破性技术的出现可能对现有生产方法产生重大影响。例如，智能手机的出现对企业和消费者来说都是一个巨大的变化，这导致了各种"应用"的发展，包括监控银行或商业账户、查找信息和购物。新一轮科技革命和产业变革加速演变，更加凸显了加快提高我国科技创新能力的紧迫性。

学界普遍认为，美国的"再工业化"风潮、德国的"工业4.0"和"互联工厂"战略以及日本、韩国等国家制造业转型都不是简单的传统制造业回归，而是伴随着生产效率的提升、生产模式的创新以及新兴产业的发展。智能化工业装备已经成为全球制造业升级转型的基础，发达国家不约而同地将制造业升级作为"第三次工业革命"的首要任务。

过去的十多年里，我国经历了以工程机械快速发展为标志的粗犷式发展，而未来十年，我国将进入以智能化工业装备快速发展为标志的集约化发展与制造业转型升级阶段。与工程机械发展初期相比较，在工业智能行业国外品牌将更加重视国内企业，系统集成环节将成为国内企业的切入点。目前，我国工业智能产业链正逐渐完善，企业发展模式逐渐清晰。随着我国劳动力结构和产业结构的调整，具备感知、分析、推理、决策、控制功能的智能装备将成为"第三次工业革命"的主力。

近年来，我国科技事业取得了长足进步，人才总量大幅增加，在载人航天、探月工程、超级计算机等尖端科技领域实现了重大跨越。2010年，我国的R&D经费支出达到6980亿元，R&D投入强度达到1.75%，在发展中国家中位于前列，和世界先进水平的差距也在不断缩小。专利申请数量持续增加，科技论文发表数量也大幅增加，仅次于美国位居世界第二位。但是，与主要发达国家相比，我国在科学技术研究投入尤其是基础性研究投入上仍显不足，高质量技术创新成果相对缺乏，科技成果产业化率明显偏低，尚未建立产学研相互结合、相互促进的良性互动局面。我们应从以下几个方面着手，促进我国新型智能工业化发展。

（1）鼓励创新，完善创新政策。首先，在智能化与工业化融合过程中，创新的方式、范围等也会发生变化，和创新密切相关的法律法规也要与时俱进，能够反映创新的最新变化，尤其是要进一步加大对技术创新者合法经济利益的保护力度，调动创新者的积极性，从源头上保证创新不断涌现。其次，要发挥政府的作用，创新产学研互动发展模式。政府要积极发挥引导作用，通过适时制定一系列配套政策，引导和整合各方面的创新要素，在企业、大学和科研机构之间建立沟通合作的桥梁，建立开放性的创新联盟，更好地促进产学研紧密结合，切实提高国家创新能力。政府要在行业关键共性技术研发中起到主导作用，克服市场机制障碍，切实发挥好政府资源撬动社会各方面资源的作用。再次，要注重通过政府采购促进技术创新，通过政府力量破解产业化初期瓶颈。最后，要加大科技攻关支持力度，帮助企业掌握创新主动权、发展主动权，政府要集合市场各类科技力量，聚焦集成电路、生物医药、人工智能等重点领域和关键环节的创新发展。

（2）以发展半导体产业为龙头，促进工业化与智能化交融。工业化与智能化融合是当今产业发展的新趋势，关键在于掌握半导体技术的自主核心技术，摆脱对外国技术的依赖，突破外国的软件和硬件封锁，解决工业化中"卡脖子"的瓶颈。

从产业视角来看，半导体产业是围绕半导体进行科学研究、技术开发、功能设计、生产制造、集成应用与系统实施的全体系的产业，包括半导体材料研发与生产、半导体装备与工具的生产制造、半导体产品规划设计、半导体产品的生产及其全体系。在新时代，半导体作为科技力量的核心，已成为国家自强、产业自主、民族复兴的重要支撑和有力工具。半导体产业是支撑经济社会发展和保障国家安全的战略性、先导性产业。

支持半导体产业发展，政府要以新发展理念作指引，充分发挥市场在资源配置中的决定性作用，指引与规划半导体产业的发展；要优化集成电路产业和软件产业发展环境，协调教育、科研部门培养更多半导体人才，深化产业国际合作，尽可能地积极吸引外国优秀人才的加入，通过系统性的规划，解决人才严重不足的问题，提升产业创新能力和发展质量；要充分利用企业所得税免税政策以及增值税优惠政策支持地方半导体产业发展壮大；要助推企业解决高端技术发展的关键困境，如目前我国半导体产业发展遇到的紧急困境是制造环节缺乏最先进的光刻机等设备，要通过机制创新推动半导体行业产业链的协同发展，在光刻机等半导体设备、材料以及软件等领域补齐产业链，构筑产业链上下游全方位的半导体生态体系。

8.2.4　坚持生产多样化，甄别比较优势产业

生产多样化是指生产产品数量的增加，包括水平多样化和垂直多样化。通常，经济发展过程是产品多样化形成的一个动态过程。经济发展早期阶段，随着经济活动范围扩大，生产要素平均配置到各个部门（多样化）。当新出现的部门出现在具体集群的地区（集群）时，地区间生产的产品差异不断增加，产业结构差异化增加。也就是说，产业发展早期，产业在地理上集群和经济结构的趋异，结果产业呈现出一定的多样化。在经济发展后期，经济活动范围缩小（专业化），生产活动的位置无关紧要，本国产品在所有地区间生产，部门集中伴随着地理上产业扩散和结构趋同，地区间变得越来越相似（趋同）。所以，经济发展的经济多样化是伴随着地区集群出现，但到了经济发展后期，经济专业化生产是伴随着地区产业扩散出现的。

生产多样化是和该地区的生产能力成正比。由于生产一种产品时需要投入一系列的中间产品（生产能力），如专业人力技能、不可贸易的产品和服务、公共品或其他公共投入，这些要素高度互补，且生产新的类型的生产能力会有固定成本，所以，有更多生产能力的地区能够生产更加多样、更加独特的产品。一般来说，富裕地区比落后地区生产的产品品种更多，而低收入国家产品多样化程度低，因为它们的生产能力（Capability）小，因而只能生产一些简单的、低生产率的产品，生产要素之间的组合容易导

致协调失败，这些失败需要相应的政策引导。

产品多样化可以降低产业升级失败带来的风险。世界各地的产业升级往往多是试探性的，并没有一个明确的方向，升级可能会选择偏离自己比较优势的产业。这样的升级将降低经济生产率，削弱经济发展的动力。如我国地方政府人为选择的主导产业，如光伏产业，由于产业发展路径没有和当地的资源禀赋相匹配，结果造成大量企业亏损，行业发展停滞。相反，在市场导向下，坚持产品多样化政策，有市场主体决定生产产品种类，即使其中一些产品在市场失败，但如果有些产品成功了，整个国家的产业也将获得新的竞争优势。

可以通过一些企业的创新性行为，甄别该国的潜在比较优势产业。如果一些新产品和服务能够在众多竞争者中脱颖而出，很可能就成为当地具有潜在比较优势、容易形成竞争优势的新产业。

在政策层面上，如果当地民营企业在某些产业已经比较活跃，查找可能阻碍它们提升产品质量或阻碍其他企业进入的各种硬的基础设施或软的经营环境，当地政府可以采取相应的政策措施消除这类障碍以帮助产业做大做强。对当地企业尚未进入的新产业，当地政府可以积极到上述第一步确认的经济体中招商引资，鼓励生产此类产品的外地或国外企业前来投资，并消除这些新产业发展的软硬障碍，以培育新的增长点。要充分利用当地特殊资源禀赋或全球范围内的技术突破带来的特殊机遇，各地政府要密切关注当地民营企业发现而且已展现出获利能力的新商业机会，帮助这些星星之火成为燎原之火。在基础设施落后、企业经营环境不佳的地方，当地政府可以设立经济特区或产业园区，通过改善基础设施和经营环境，鼓励当地、外地和国外企业前来投资上述步骤所甄别出来的具有潜在比较优势的产业。建立产业园区或特区还有利于促进产业集群的形成，提高产业竞争力。给予目标产业的先行企业一定时限的税收优惠或者信贷的担保，以降低先行企业的风险。根据这个步骤甄选出来的目标产业符合当地的比较优势，企业有自主能力，给予先行的企业的激励只需有限的财务成本和有限的时间成本。

8.2.5　通过能源消费革命促进制造业生产转型升级

2012 年以来，我国大范围内较长时期地出现了严重的雾霾天气，如

2013 年的雾霾天创 52 年来最多，2013 年北京空气质量达五六级的重污染天数累计为 58 天，相当于每六七天就会出现一次重污染天气，2013 年 12 月初，一场持续时间超过一周的雾霾袭击了我国 25 个省份、100 多个大中型城市。严重的环境污染让人们深刻认识到，我国的产业发展方式的转变形势紧迫、任务繁重。

传统的制造业生产是污染排放的重要来源，解决环境污染问题就要从制造业生产能源结构开始。由于长期以来我国传统制造业生产产能过剩、能源结构单一等问题，燃煤产生的污染物对大气环境造成巨大压力。这种能源消费结构严重制约了我国经济的可持续发展。可持续发展需要调整我国能源结构消费、限制高污染、高能耗企业的发展、加强对我国企业能源利用问题的约束。减少化石燃料的燃烧、发展可再生能源、增加森林碳汇。

推动制造业的转型升级，要抑制不合理能源消费，坚决控制能源消费总量，有效落实节能优先方针，推动能源技术革命，紧跟国际能源技术革命新趋势，以绿色低碳为方向，分类推动技术创新、产业创新、商业模式创新，并同其他领域高新技术紧密结合，把能源技术及其关联产业培育成带动我国产业升级的新增长点。推动能源体制革命，还原能源商品属性，构建有效竞争的市场结构和市场体系，形成主要由市场决定能源价格的机制，转变政府对能源的监管方式，建立健全能源法治体系。

8.2.6 攻关核心技术保持制造业的持续发展

从世界产业发展的历史经验来看，防止制造业增加值和就业在经济中的比例下降，是一国保持经济持续发展关键所在。通常，经济发展到一定程度后，制造业占比的下降是必然趋势，即发生去工业化现象，从而影响人均收入的增加，甚至可能会陷入"贫困陷阱"或"中等收入陷阱"。如何保持制造业的持续发展是政府出台产业政策的重中之重。在阻碍我国产业升级的因素中，核心科技能力不足是一个重要因素，因此，提高核心技术能力是未来一段时间内我国产业政策的重点和难点。我国的产业升级既包括发展高新技术，也包括现有工业向更高技术水平、更高生产率和更高附加值的产业活动升级，而核心技术攻关以及核心技术进步是实现产业升级的基本动力。

攻克核心技术，特别是人工智能、互联网、大数据、区块链等新一代技术中的核心，需要国家的总体规划，大力支持和正确的引导。习近平总书记指出，当前全球新一轮科技革命和产业革命加速发展，工业互联网技术不断突破，既为各国经济创新发展注入了新动能，也为促进全球产业融合发展提供了新机遇。我国科技部印发的《关于推进国家技术创新中心建设的总体方案（暂行)》指出，到 2025 年我国将布局建设若干国家技术创新中心，充分依托高校、科研院所的优势学科和科研资源，又紧跟市场需求，紧密对接企业和产业，突破制约我国产业安全的关键技术瓶颈。攻克核心技术要坚持创新链、产业链、价值链的协同发展，服务于国家产业结构调整与产业升级，形成良性国内循环，形成产业群整体优势。

攻克核心技术需要把握市场需求的新趋势，抓住数字经济的发展机遇。当前世界需求市场，工业互联网、物联网、车联网、自动驾驶、云计算、大数据、人工智能等已经成为未来一段时期生产和消费的新潮流。当前的产业升级和产业革命被称为数字经济的革命。在"后疫情时代"，中国经济在做好"内循环"的同时，要重点抓住以数字化、产业数字化为核心的新一轮数字经济革命的发展机遇，抢抓第四次工业革命重大历史机遇，从而促进企业的数字化转型与智能化升级，实现我国经济高质量和跨越式发展。发展数字经济要围绕工业互联网这一数字经济发展的关键载体，构建良好的工业互联网生态，抓住新基建中的数字基建，在人才培养、国际合作等方面投入更多的人力和物力。

参考文献

［1］Acemoglu D, Guerrieri V. Capital Deepening and Nonbalanced Economic Growth ［J］. Journal of Political Economy, 2008, 116 (3): 467-498.

［2］Alderson A S. Explaining Deindustrialization: Globalization, Failure, or Success? ［J］. American Sociological Review, 1999, 64 (5): 701-721.

［3］Ansari M I. Explaining the Service Sector Growth: An Empirical Study of India, Pakistan, and Sri Lanka ［J］. Journal of Asian Economics, 1995, 6 (2): 233-246.

［4］Autor, David H. Work of the Past, Work of the Future. AEA Papers and Proceedings 109 (May): 1-32. doi: 10.1257/pandp.2019-11-10.

［5］Bacon R, Eltis W. Britain's Economic Problem: Too Few Producers (2nd ed). ［M］. London: Macmiian, 1978.

［6］Baumol W J. Macroeconomics of Unbalanced Growth: The Anatomy of Urban Crisis ［J］. The American Economic Review, 1967, 57 (3): 415-426.

［7］Borel-Saladin J, Crankshaw O. Social Polarisation or Professionalisation? Another Look at Theory and Evidence on Deindustrialisation and the Rise of the Service Sector ［J］. Urban Studies, 2009, 46 (3): 645-664.

［8］Boulhol H. What is the Impact of International Trade on Deindustrialisation in OECD countries? ［J］. Flash CDC IXIS Capital markets, 2004 (206).

［9］Chesnokova T. Immiserizing Deindustrialization: A Dynamic Trade Model with Credit Constraints ［J］. Journal of International Economics, 2007, 73 (2): 407-420.

［10］Clark C. The Conditions of Economic Progress ［M］. London: Macmillan, 1957.

［11］Costinot A, An Elementary Theory of Comparative Advantage: National Bureau of Economic Research, 2009.

［12］Crafts N. Deindustrialisation and Economic Growth ［J］. The Economic Journal, 1996, 106 (434): 172-183.

［13］Dasgupta S, Singh A, Manufacturing, Services and Premature Deindustrialization in Developing Countries: A Kaldorian Analysis: World Institute for Development Economic Research (UNU-WIDER), 2006.

［14］De Vries G J, Erumban A A, Timmer MP, etc. Deconstructing the BRICs: Structural Transformation and Aggregate Productivity Growth ［J］. Journal of Comparative Economics, 2012, 40 (2): 211-227.

［15］Dolores GuillóM, Papageorgiou C, Perez – Sebastian F. A unified theory of Structural Change ［J］. Journal of Economic Dynamics and Control, 2011, 35 (9): 1393-1404.

［16］Hartwig J. Testing the Growth Effects of Structural Change ［J］. Structural Change and Economic Dynamics, 2012, 23 (1): 11-24.

［17］Hiroaki S. Endogenous Phase Switch in Baumol's Service Paradox Model ［J］. Structural Change and Economic Dynamics, 2012, 23 (1): 25-35.

［18］Hunt D. Economic Theories of Development ［M］. Hertfordshire: Harvester Wheatsheaf, 1989.

［19］Iscan T. How Much Can Engel's Law and Baumol's Disease Explain the Rise of Service Employment in the United States? ［J］. The BE Journal of Macroeconomics, 2010, 10 (1).

［20］Kaldor N. Causes of the Slow Rate of Economic Growth of the United Kingdom ［M］. Cambridge U. P, 1966.

［21］Kollmeyer C, Pichler F. Is Deindustrialization Causing High Unemployment in Affluent Countries? Evidence from 16 OECD Countries, 1970-2003 ［J］. Social Forces (Oxford University Press / USA), 2013, 91 (3): 785-812.

［22］Kollmeyer C. Explaining Deindustrialization: How Affluence, Productivity Growth, and Globalization Diminish Manufacturing Employment ［J］. American Journal of Sociology, 2009, 114 (6): 1644-1674.

［23］Kongsamut P, Rebelo S, Xie D. Beyond Balanced Growth ［J］. The Review of Economic Studies, 2001, 68 (4): 869-882.

［24］Lin J. Y. New Structural Economics: A Framework for Rethinking Development and Policy ［M］. Washington: The World Bank, 2012.

［25］Matsuyama K. Agricultural Productivity, Comparative Advantage, and Economic Growth ［J］. Journal of economic theory, 1992, 58 (2): 317-334.

［26］McMillan, Margaret, Dani Rodrik, and Íñigo Verduzco-Gallo. Globalization, Structural Change, and Productivity Growth, with an Update on Africa ［J］. World Development, 2004, 63 (11): 11-32.

［27］McMillan M S, Rodrik D, Globalization, Structural Change and Productivity Growth: National Bureau of Economic Research, 2011.

［28］McKinnon R. The U. S. Saving Deficiency, Current-account Deficits, and Deindustrialization: Implications for China ［J］. Journal of Policy Modeling, 2013, 35(3): 449-458.

［29］Moretti, Enrico. Local Multipliers ［J］. American Economic Review 100 (2): 373-377.

［30］Palma J G. de-industrialization, premature de-industrialization and the Dutch Disease ［M］. The New Palgrave Dictionary of Economics. Basingstoke; Palgrave Macmillan. 2008.

［31］Palma, Jos Gabriel. 2005. "Four Sources of 'De-Industrialization' and a New Concept of the 'Dutch Disease' in José Antonio Ocampo, 'Beyond Reforms-Stuctural Dynamics and Macroeconomic Vulnerability.'"

［32］Rowthorn R, Ramaswamy R. Deindustrialization : Causes and Implications ［M］. Washington, D. C. : International Monetary Fund, Research Dept. , 1997.

［33］Silva EGd, Aurora ACT. Surveying Structural Change: Seminal Contributions and A Bibliometric Account ［J］. Structural Change and Economic Dynamics, 2008 (19) .

［34］Sposi, Michael, Jing Zhang and Kei-Mu Yi. Structural Change and Deindustrialization ［R］. Meeting Papers. Society for Economic Dynamics, 2005.

［35］Rowthorn R, Coutts K. De-industrialisation and the Balance of Payments in Advanced Economies ［J］. Cambridge Journal of Economics, 2004, 28 (5): 767.

［36］Rowthorn R, Ramaswamy R. Growth, Trade, and Deindustrialization ［J］. IMF Staff Papers, 1999, 46 (1): 18-41.

［37］Rowthorn R, Wells J R. Deindustrialization and Foreign Trade ［M］.

Cambridge：Cambridge University Press，1987.

［38］Saeger S S. Globalization and Deindustrialization：Myth and Reality in the OECD ［J］. Weltwirtschaftliches Archiv，1997，133（4）：579-608.

［39］Święcki T. Determinants of Structural Change：Mimeo ［J］. Princeton University Press，2013（4）.

［40］Teimouri，Sheida，and Joachim Zietz. Coping with Deindustrialization：A Panel Study for Early OECD Countries ［J］. Structural Change and Economic Dynamics，2020，11（4）：6.

［41］Tregenna F，Manufacturing Productivity，Deindustrialization，and Reindustrialization ［R］. Working paper，World Institute for Development Economics Research，2011.

［42］Tregenna F. Characterising Deindustrialisation：An Analysis of Changes in Manufacturing Employment and Output Internationally ［J］. Cambridge Journal of Economics，2009，33（3）：433-466.

［43］Ungor M. De-industrialization of the Riches and the Rise of China ［J］. Economics Letters，2013，119（2）：141-145.

［44］Zgreaban I，Nicolae E. Deindustrialization in the European Union ［J］. Metalurgia International，2010：160-166.

［45］蔡昉，王德文，曲玥. 中国产业升级的大国雁阵模型分析 ［J］. 经济研究，2009（9）：4-14.

［46］车士义，郭琳. 结构转变，制度变迁下的人口红利与经济增长 ［J］. 人口研究，2011（2）：26-29.

［47］陈飞翔，居励，林善波. 开放模式转型与产业结构升级 ［J］. 经济学家，2011（4）：47-52.

［48］陈虹. 中国贸易结构与产业结构关系的实证研究——基于1980-2008年的结构变动指标数据分析 ［J］. 经济论坛，2010（5）：32-36.

［49］陈英. 产业结构调整过程中的动态经济学——对我国产业结构升级的思考 ［J］. 经济社会体制比较，2007（6）：127-132.

［50］代谦，别朝霞. 人力资本，动态比较优势与发展中国家产业结构升级 ［J］. 世界经济，2006（11）：70-84.

［51］代谦，李唐. 比较优势与落后国家的二元技术进步：以近代中国

产业发展为例［J］. 经济研究, 2009 (3): 13.

［52］丁焕峰, 宁颖斌. 要素流动与生产率增长研究——对广东省"空间结构红利假说"的实证分析［J］. 经济地理, 2011 (9): 1421-1426.

［53］杜传忠, 郭树龙. 中国产业结构升级的影响因素分析——兼论后金融危机时代中国产业结构升级的思路［J］. 广东社会科学, 2011 (4): 60-66.

［54］范剑勇, 张涛. 结构转型与地区收敛: 美国的经验及其对中国的启示［J］. 世界经济, 2003 (1): 42-48.

［55］方福前, 詹新宇. 我国产业结构升级对经济波动的熨平效应分析［J］. 经济理论与经济管理, 2011 (9): 5-16.

［56］封思贤. 要素流向高增长行业能实现产业升级吗——基于制造业的分析［J］. 当代经济科学, 2011 (3).

［57］冯春晓. 我国对外直接投资与产业结构优化的实证研究——以制造业为例［J］. 国际贸易问题, 2009 (8): 97-104.

［58］付凌晖. 我国产业结构高级化与经济增长关系的实证研究［J］. 统计研究, 2010, 27 (8): 79-81.

［59］高庆林. 区域产业结构调整中的产业转型与产业竞争优势培育［J］. 当代经济研究, 2009 (4): 43-46.

［60］耿伟. 内生比较优势演化——基于中国制造业的经验研究［J］. 财经研究, 2006, 32 (10): 60-70.

［61］韩元军. 就业增长和产业结构升级——基于中国 30 个省市面板数据的实证分析［J］. 山西财经大学学报, 2011 (6): 20-26.

［62］何德旭, 姚战琪. 中国产业结构调整的效应, 优化升级目标和政策措施［J］. 中国工业经济, 2008 (5): 46-56.

［63］洪银兴. 经济全球化条件下的比较优势和竞争优势［J］. 经济学动态, 2002, 12 (3).

［64］黄兴年. 中国纺织服装出口企业贫困增长源于对比较优势战略的过分依赖［J］. 国际贸易问题, 2006 (3): 40-45.

［65］金碚. 现阶段我国推进产业结构调整的战略方向［J］. 求是, 2013 (4): 56-58.

［66］李小平, 卢现祥. 中国制造业的结构变动和生产率增长［J］. 世界经济, 2007, 30 (5): 52-64.

［67］廖国民, 王永钦. 论比较优势与自生能力的关系［J］. 经济研究,

2003（9）：32-39.

[68] 林毅夫，李永军. 比较优势，竞争优势与发展中国家的经济发展[J]. 管理世界，2003，7（2）.

[69] 林毅夫，孙希芳. 经济发展的比较优势战略理论[J]. 国际经济评论，2003（6）：12-18.

[70] 林毅夫. 发展战略，自生能力和经济收敛[J]. 经济学（季刊），2002，1（2）：269-300.

[71] 林毅夫. 新结构经济学——重构发展经济学的框架[J]. 经济学（季刊），2010，10（1）：1-32.

[72] 刘伟，张辉. 中国经济增长中的产业结构变迁和技术进步[J]. 经济研究，2008（11）：4-15.

[73] 吕铁，周叔莲. 中国的产业结构升级与经济增长方式转变[J]. 管理世界，1999（1）：113-125.

[74] 盛朝迅. 比较优势动态化与我国产业结构调整——兼论中国产业升级的方向与路径[J]. 当代经济研究，2012（9）：63-67.

[75] 盛朝迅. 比较优势因素变化对我国产业结构调整的影响[J]. 经济纵横，2012（8）.

[76] 孙晓华，王昀. 对外贸易结构带动了产业结构升级吗？——基于半对数模型和结构效应的实证检验[J]. 世界经济研究，2013（1）：15-21，87.

[77] 王迎英，曹荣林. 产业结构变动对经济增长贡献的时空差异研究——以江苏省为例[J]. 地域研究与开发，2010，29（3）：19-24.

[78] 王泽填，姚洋. 结构转型与巴拉萨-萨缪尔森效应[J]. 世界经济，2009（4）：38-49.

[79] 魏福成，邹薇，马文涛，等. 税收、价格操控与产业升级的障碍——兼论中国式财政分权的代价[J]. 经济学（季刊），2013（4）：1491-1512.

[80] 文东伟，冼国明，马静. FDI，产业结构变迁与中国的出口竞争力[J]. 管理世界，2009（4）：96-107.

[81] 肖兴志，李少林. 环境规制对产业升级路径的动态影响研究[J]. 经济理论与经济管理，2013（6）：102-112.

[82] 徐朝阳，林毅夫. 发展战略与经济增长[J]. 中国社会科学，

2010（3）：94-108.

[83] 徐朝阳，林毅夫. 技术进步，内生人口增长与产业结构转型 [J]. 中国人口科学，2009（1）：11-21.

[84] 许南，李建军. 产品内分工、产业转移与中国产业结构升级 [J]. 管理世界，2012（1）：182-183.

[85] 杨凌，李国平，于远光. 区域生产率增长的源泉及其特征——基于结构红利假说的实证检验 [J]. 财经论丛，2010（4）：1-6.

[86] 杨天宇，刘韵婷. 中国经济结构调整对宏观经济波动的"熨平效应"分析 [J]. 经济理论与经济管理，2011（7）：47-55.

[87] 袁欣. 中国对外贸易结构与产业结构："镜像"与"原像"的背离 [J]. 经济学家，2010（6）：11.

[88] 张浩然，衣保中. 产业结构高速的就业效应：来自中国城市面板数据的证据 [J]. 产业经济研究，2011（3）：50-55.

[89] 张其仔. 比较优势的演化与中国产业升级路径的选择 [J]. 中国工业经济，2008（9）.

[90] 张小蒂，李风华. 技术创新，政府干预与竞争优势 [J]. 世界经济，2001（7）：44-49.

[91] 张燕，路文杰. 中国产业升级路径中的资源环境约束——基于产业地位划分法的研究 [J]. 河北科技大学学报：社会科学版，2010（3）：11-15.

[92] 郑宁，咸春龙. 广东产业结构演进的劳动生产率增长效应分析——基于"结构红利假说"的实证检验 [J]. 广东农业科学，2011（18）：189-192.

[93] 邹薇. 论竞争力的源泉：从外生比较优势到内生比较优势 [J]. 武汉大学学报（社会科学版），2002，55（1）.

附录　中国的三次产业分类

三次产业分类	《国民经济行业分类》（GB/T 4754—2002）类别、名称及代码		
	门类	大类	类别、名称
第一产业	A		农、林、牧、渔业
		01	农业
		02	林业
		03	畜牧业
		04	渔业
		05	农、林、牧、渔服务业
第二产业	B		采矿业
		06	煤炭开采和洗选业
		07	石油和天然气开采业
		08	黑色金属矿采选业
		09	有色金属矿采选业
		10	非金属矿采选业
		11	其他采矿业
	C		制造业
		13	农副食品加工业
		14	食品制造业
		15	饮料制造业
		16	烟草制品业
		17	纺织业
		18	纺织服装、鞋、帽制造业

三次产业分类	《国民经济行业分类》（GB/T 4754—2002）类别、名称及代码		
	门类	大类	类别、名称
第二产业	C	19	皮革、毛皮、羽毛（绒）及其制品业
		20	木材加工及木、竹、藤、棕、草制品业
		21	家具制造业
		22	造纸及纸制品业
		23	印刷业和记录媒介的复制
		24	文教体育用品制造业
		25	石油加工、炼焦及核燃料加工业
		26	化学原料及化学制品制造业
		27	医药制造业
		28	化学纤维制造业
		29	橡胶制品业
		30	塑料制品业
		31	非金属矿物制品业
		32	黑色金属冶炼及压延加工业
		33	有色金属冶炼及压延加工业
		34	金属制品业
		35	通用设备制造业
		36	专用设备制造业
		37	交通运输设备制造业
		39	电气机械及器材制造业
		40	通信设备、计算机及其他电子设备制造业
		41	仪器仪表及文化、办公用机械制造业
		42	工艺品及其他制造业
		43	废弃资源和废旧材料回收加工业
	D		电力、燃气及水的生产和供应业
		44	电力、热力的生产和供应业
		45	燃气生产和供应业
		46	水的生产和供应业

三次产业分类	《国民经济行业分类》（GB/T 4754—2002）类别、名称及代码		
	门类	大类	类别、名称
第二产业	E		建筑业
		47	房屋和土木工程建筑业
		48	建筑安装业
		49	建筑装饰业
		50	其他建筑业
第三产业	F		交通运输、仓储和邮政业
		51	铁路运输业
		52	道路运输业
		53	城市公共交通业
		54	水上运输业
		55	航空运输业
		56	管道运输业
		57	装卸搬运和其他运输服务业
		58	仓储业
		59	邮政
	G		信息传输、计算机服务和软件业
		60	电信和其他信息传输服务业
		61	计算机服务业
		62	软件业
	H		批发和零售业
		63	批发业
		65	零售业
	I		住宿和餐饮业
		66	住宿业
		67	餐饮业
	J		金融业
		68	银行业
		69	证券业
		70	保险业

三次产业分类	《国民经济行业分类》（GB/T 4754—2002） 类别、名称及代码		
	门类	大类	类别、名称
第三产业	J	71	其他金融活动
	K		房地产业
		72	房地产业
	L		租赁和商务服务业
		73	租赁业
		74	商务服务业
	M		科学研究、技术服务和地质勘查业
		75	研究与试验发展
		76	专业技术服务业
		77	科技交流和推广服务业
		78	地质勘查业
	N		水利、环境和公共设施管理业
		79	水利管理业
		80	环境管理业
		81	公共设施管理业
	O		居民服务和其他服务业
		82	居民服务业
		83	其他服务业
	P		教育
		84	教育
	Q		卫生、社会保障和社会福利业
		85	卫生
		86	社会保障业
		87	社会福利业
	R		文化、体育和娱乐业
		88	新闻出版业
		89	广播、电视、电影和音像业
		90	文化艺术业

三次产业分类	《国民经济行业分类》（GB/T 4754—2002）类别、名称及代码		
	门类	大类	类别、名称
第三产业	R	91	体育
		92	娱乐业
	S		公共管理和社会组织
		93	中国共产党机关
		94	国家机构
		95	人民政协和民主党派
		96	群众团体、社会团体和宗教组织
		97	基层群众自治组织
	T		国际组织
		98	国际组织

后 记

本书是我的博士后出站报告的主体部分。自 2019 年出版立项以来，用了近一年时间对博士后出站报告进行修改和完善，几个章节重新写作，最大的改变是更新了数据并扩展了实证计量分析内容。回头想想，仿佛自己又重新做了一回博士后。

从 2008 年进入江西财经大学理论经济学博士后科研流动站，到 2014 年出站，所经历的 6 年是对自己学术韧性的一次考验，也再一次打磨了自己的意志，并检验了自己的坚持。

作为王秋石老师的硕士，自浙江大学经济学博士毕业后再度回到江西财经大学，成为王老师的博士后。开始一直以为要写出惊天动地之作，才配得上理论经济学"博士后"头衔，为王老师的满天桃李增光添彩；总以为只要发挥自己的数据处理优势就能打造出精品。可是现实数据的缺失，导致研究的进展异常缓慢，差点让自己的美好设想成为泡影。另外，自己眼高手低，爱好多任务的工作模式，导致专注力不足，常犯学术拖延之症。

本书的最终成型，并成功出站，首先感谢王老师。没有王老师的宽容和睿智，也就没有这个正式的后记。在研究面临重重困难、多次快要放弃的时候，老师的笑容让我满血复活，老师的灵光让我疑惑顿开。一路有您，我才坚持到最后。其次，我也要感谢江西财经大学博管办的领导和刘老师！是你们的关怀和督促，让我在理论经济学博士后入站仪式上慷慨激昂的发言没有变成空话。最后，要感谢学院的关心和家人的支持和激励，特别是我的妈妈、妻子和女儿。

李国民
2020 年 7 月 1 日